처음 만나는 원불교

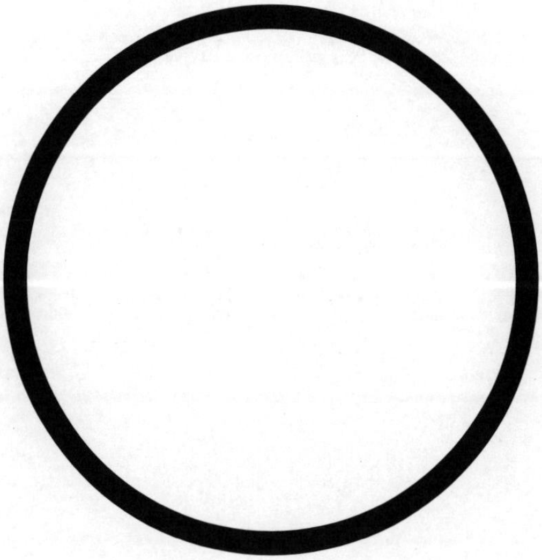

물질이 개벽되니
정신을 개벽하자

목 차

1. 원불교와의 만남, 새로운 시작!

만남은 때로는 사랑, 때로는 짜증, 때로는 위안, 때로는 질투, 때로는 편안함, 때로는 불안, 때로는 분노 등 다양한 감정으로 이어집니다. 편안하고 위안을 주는 관계는 좋아서 잃을까 두려워지기도 하고, 나를 화나게 하고 미운 관계는 피하려고 하지만 오히려 더 신경이 쓰여 괴로울 때가 많습니다.

나와의 만남도 비슷합니다. 사람들에게 인정받는 모습은 나도 좋아하고 사람들에게 인정받지 못하는 모습은 스스로 미워하고 숨기려 합니다. 그런데 그럴수록 불안하고 분열되는 것은 왜일까요?

어쩌면 우리는 제대로 나를 만나지도, 제대로 사람을 만나지도, 제대로 일을 하지도 못했는지 모르겠습니다. 그렇다면 이제 있는 그대로 나를 만나고, 있는 그대로 그 사람을 만나고, 있는 그대로 그 일을 만나봅시다.

어떻게?

이미 원불교를 만났고,

원불교에서 마음을 공부하면 모든 만남이 새로워질 거니까요.

다음은 원불교에서 마음을 공부하며 만남이 새로워진 공부인의 글입니다.

원불교를 만나 마음을 공부하기 전에는
마음이 무엇인지,
나를 통해 어떻게 작용하는지,
내가 누구인지 몰라 캄캄한 어둠 속에서 울고 웃었습니다.

상대를 바라보며 "저건 아니야, 이건 아닌데, 저 사람은 예쁘고, 이 사람은 밉고" 분별하며 강한 나의 틀로 살았습니다.
그뿐만 아니라 제 마음조차도
"이 마음은 나오지 말아야 하는데" 하며 저를 자학하고,
그런 마음이 일어나는 것을 숨기려고 온갖 방법을 동원했죠.
불안정하고 고통스러웠습니다.

하지만 마음공부를 하면서 달라지기 시작했습니다.
이제까지 일어나는 마음을 피해 도망 다니느라
정신이 없었다는 것을 알게 됐습니다.
내 마음을 만나기 싫었나 봅니다.

내 마음을 바라보지 않고 피하고 있다는 사실을 알고부터 나는
마음이 일어난 것을 보았으면 유념,
마음을 보지 못하고 조금 늦게 알았으면 무념하여
유무념 시계를 눌렀습니다.

이렇게 내 마음 바라보기를 하니
내 마음에서 어떤 마음이 일어나는지를 볼 수 있었습니다.
걸리거나 끌리거나 싫어하는 마음,
피하는 마음이 일어날 때마다 유무념 시계가 바빠졌습니다.
다만, 내 마음이 어떤 마음인가를 알아두기만 해도 이미 큰 공부가 됐습니다.
알았을 때가 바로 마음을 챙기는 때이기 때문입니다.

생활 속에서 끊임없이 활용되는 공부,
깨어있는 공부,
내 삶을 사는 공부를 하게 되니 기쁩니다.

원불교를 만나서
마음을 공부한다는 것은
있는 그대로 부처인
내 마음과 세상을 만나는 것입니다.

내가 만나는 그 사람이 부처님이고,
내가 하는 그 일이
부처님께 불공을 드리는 것을 알게 되는 것입니다.

處處佛像 事事佛供 처처불상 사사불공

원불교를 만나서

마음을 공부한다는 것은
언제 어디서나 마음을 챙겨 온전히 깨어있는 것입니다.

無時禪 無處禪 무시선 무처선

마음을 공부한다는 것은
생활 속에서
사실적인 깨달음을 얻는 공부이기 때문입니다

佛法是生活 生活是佛法 불법시생활 생활시불법

___자기 이름___ **와 원불교의 만남은**
새로운 시작입니다.

2. 기본적인 궁금증?!

· 원불교 교명은 무슨 뜻이죠?

원불교는 1916년 4월 28일 소태산 대종사의 대각과 함께 가르침의 문을 열었지만 '원불교'를 정식 교명으로 선포한 것은 1948년(원기 33년)입니다. 소태산 대종사 당대에 대표적인 교단 명칭으로 사용한 것은 '불법연구회(佛法研究會)'입니다.

'원불교'는 소태산 대종사를 이어 종법사에 오른 정산 종사께서 소태산 대종사의 본의를 살려서 지은 명칭입니다. 다음은 정산 종사께서 원불교의 교명을 설명하신 법문입니다.

> "원은 형이상으로 말하면 언어와 명상이 끊어진 자리라 무엇으로써 이를 형용할 수 없으나, 형이하로써 말하면 우주 만유가 다 이 원으로써 표현되어 있으니, 이는 곧 만법의 근원인 동시에 또한 만법의 실재인지라, 그러므로 이 천지 안에 있는 모든

교법이 비록 천만 가지로 말은 달리하나 그 실에 있어서는 원 이외에는 다시 한 법도 없는 것"이라 하고, "불(佛)은 곧 깨닫는다는 말씀이요 또는 마음이라는 뜻이니, 원의 진리가 아무리 원만하여 만법을 다 포함했다 할지라도 깨닫는 마음이 없으면 이는 다만 빈 이치에 불과한 것이라, 그러므로 원불(圓佛) 두 글자는 원래 둘이 아닌 진리로서 서로 떠나지 못할 관계가 있으며, 또는 과거의 불교로 말할지라도 근본 교의가 일부에 치우치는 것은 아니건마는 그 제도 여하에 따라 세상 사람들이 자연 일부의 교의로 오인한 것이니 그 제도를 새로이 하면 불법의 정체가 진리 그대로 원만하게 세상에 나타나게 될 것입니다."

'정산종사법어' 경륜편 1장

법문을 요약하면 다음과 같습니다.

원(圓) = 모든 법의 근원인 동시에 모든 법의 실재
(우주 그 자체이자 근본 원리)
불(佛) = 깨닫는다, 마음
교(教) = 가르친다

다시 말하면, **원불교는**
모든 법의 근원인 동시에 모든 법의 실재인
일원상의 진리를 깨달아
생활 속에서 실천하도록 **가르치는 종교**입니다.

· 원불교를 왜 열었을까?

원불교는 소태산 대종사의 큰 깨달음에서 비롯된 종교입니다. 소태산 대종사께서는 일곱 살 때부터 우주의 자연현상과 인생의 모든 일에 대해 스스로 큰 의심을 품게 되고, 이때부터 20여 년 동안 고난 속에 진리를 구하다가, 1916년 4월 28일 마침내 우주와 인생의 근본 진리를 크게 깨칩니다.

그렇다면 소태산 대종사께서는 깨달음의 희열 속에 혼자 머물러 있지 않고 왜 가르침의 문을 여셨을까요?

현대를 일러 물질 만능의 시대라고 합니다. 인간이 발명해 낸 각종 물질문명은 인간의 모든 상상을 현실화하고 있습니다. 하지만 전쟁무기의 발달로 인해 인류의 불안은 더욱 커지고, 공업화에 따른 자연환경의 훼손과 공해는 인간의 생존까지 위협하고 있습니다.

이쯤에서 우리는 선택을 해야 하지 않을까요?
불편하지만 안전한 원시로 돌아갈 것인가.
아니면 편리하지만 위험천만한 문명의 액셀러레이터를 계속 밟을 것인가.

그러나 이 두 가지 모두, 행복한 삶과는 거리가 멉니다. 원시로 돌아간다면 빈곤과 무지와 질병이 기다릴 테고, 개발에만 치우친다면 인류가 모두 함께 멸망하는 길밖에 없습니다.

그럼 어떻게 해야 할까요?

소태산 대종사께서는 물질문명을 바르게 사용할 수 있는 정신의 힘을 기른다면, 이 모든 고민이 깨끗하게 해결된다고 말씀합니다.

> "천하에 벌여진 모든 바깥 문명이 비록 찬란하다고 하나 오직 마음 사용하는 법의 조종 여하에 따라 이 세상을 좋게도 하고 낮게도 하나니, 마음을 바르게 사용하면 모든 문명이 다 낙원을 건설하는 데 보조하는 기관이 되는 것이니라."
>
> '대종경' 교의품 30장

그런데 사람들은 발달한 물질문명을 자신의 편리와 이익을 챙기는 데만 급급해 바르게 사용하지 못하고 있습니다. 소태산 대종사께서 원불교를 세운 이유도 여기에 있습니다.

> "모든 사람이 도리어 저 물질의 노예 생활을 면하지 못하게 되었으니, 그 생활에 어찌 파란 고해가 없으리오. 그러므로 진리적 종교의 신앙과 사실적 도덕의 훈련으로써 정신의 세력을 확장하고, 물질의 세력을 항복받아 파란 고해의 일체 생령을 광대무량한 낙원으로 인도하려 함이 그 동기니라."
>
> '정전' 제1 총서편 제1장 개교의 동기

소태산 대종사께서 말씀하는 광대 무량한 낙원은 현실과 분리된 다른 곳이 아닙니다. 정신문명과 물질문명이 고루 발전된 세계가 낙원이라고 말씀합니다.

그런데 우리가 사는 지금 이 세계의 물질문명은 눈부시게 발달해 있습니다. 이미 인간의 유전자 지도가 거의 밝혀져 불치병을 치료할 가능성을 열어놓았고, 동식물은 물론 인간마저도 복제할 수 있는 기술을 개발함으로써 인간이 과학을 통해 신의 역할을 자임할 수 있는 어마어마한 순간이 코앞으로 다가왔습니다.

이제 물질문명을 바르게 사용할 정신의 힘만 기르면 됩니다.

그렇다면 원불교에서는 정신의 힘을 기르기 위해 무엇을 가르칠까요? 소태산 대종사께서는 이렇게 말씀합니다.

> "나는 모든 사람들의 마음 작용하는 법을 가르친다고 할 것이며, 거기에 다시 부분적으로 말하자면 지식 있는 사람에게는 지식 사용하는 방식을, 권리 있는 사람에게는 권리 사용하는 방식을, 물질 있는 사람에게는 물질 사용하는 방식을, 원망 생활하는 사람에게는 감사 생활하는 방식을, 복 없는 사람에게는 복 짓는 방식을, 타력 생활하는 사람에게는 자력 생활하는 방식을, 배울 줄 모르는 사람에게는 배우는 방식을, 가르칠 줄 모르는 사람에게는 가르치는 방식을, 공익심 없는 사람에게는 공익심 생겨나는 방식을 가르쳐 준다고 하겠노니, 다시 말하면 모든 재주와 모든 물질과 모든 환경을 오직 바른 도로 이용하도록 가르친다 함이니라."
>
> '대종경' 교의품 29장

원불교의 수많은 교당과 기관도 그 존재 이유는 마음 사용하는 법을 모든 이에게 가르치는 데 있습니다. 모든 재주와 물질과 환경을 바르게 사용하려면 마음 작용의 원리를 깨달아 마음을 마음대로 사용할 줄 알아야 하는데 원불교는 바로 그 공부를 가르치는 곳입니다.

· 원불교와 불교, 같아요? 달라요?

원불교를 처음 대하는 사람은 누구나 "불교와 다릅니까?" "원불교도 불교죠?"라는 질문을 하기 마련입니다. 원불교라는 교명 자체가 '원'만 떼면 '불교'가 되기 때문에 이런 추측을 하는 것은 당연한 일입니다.

그렇다면 이름이 비슷하니 원불교는 불교일까요?
우리는 살아가면서 종종 동명이인을 만나게 되는데 이름이 같다고 같은 사람은 아닌 것처럼 원불교는 불교라는 단정은 맞지 않습니다. 원불교와 불교는 교단이 다르기 때문입니다.

그렇다고 원불교가 불교가 아니라고 이야기하기도 어렵습니다. 왜냐하면, 원불교의 사상적 바탕에는 불교적 색채가 강하게 내재해 있기 때문입니다.

그럼 원불교와 불교가 무엇이 같고, 무엇이 다른지 살펴보겠습니다.

원불교와 불교의 같은 점은

첫째, 생멸 없는 도와 인과 보응되는 이치를 밝히고 있고,

둘째, 마음공부를 위주로 하는 종교이며,

셋째, 성품의 원리와 바람직한 수행의 길을 제시하고 있고 생사의 큰일을 해결하도록 제시하고 있다는 점입니다.

'대종경' 제1 서품 2~3장

특히 소태산 대종사께서는 대각 후 모든 종교의 경전을 두루 열람하다가 금강경을 보시고 "석가모니불은 진실로 성인들 중의 성인이라. 내가 스승의 지도 없이 도를 얻었으나 발심한 동기로부터 도 얻은 경로를 돌아본다면 과거 부처님의 행적과 말씀에 부합되는 바 많으므로 나의 연원을 부처님에게 정하고 장차 회상을 열 때도 불법을 주체 삼아 완전무결한 큰 회상을 이 세상에 건설하리라."고 하셨습니다.

'대종경' 제1 서품 2장

이처럼 불교는 원불교와는 떼려야 뗄 수 없는 깊은 인연이 있습니다.

정산 종사께서는 원불교와 불교의 관계를 제자에게 자상하게 설명해 주셨습니다. 다음은 원불교 2대 종법사인 정산 종사께서 제자와 문답한 내용입니다.

제자 : 우리 회상을 불교의 한 종파로 아는 이가 있나이다.

정산 종사 : 과거 부처님께서 바라문의 교리를 인순하신 점이

있고, 예수께서 구약을 연원하시었으나, 누가 불교나 기독교를 과거 종교의 한 종파라 하지는 않지 않는가?

제자 : 그럼 불교와는 어떤 관계라 할 수 있습니까?

정산 종사 : 대종사께서 주로 창조하셨으나 혹 혁신하기도 하고 혹 인용하셨느니라.

'정산종사법어' 제6 경의편 39장

구체적으로 **원불교와 불교의 다른 점**을 살펴보면 다음과 같습니다.

불교의 교조는 석가모니 부처님, 원불교의 교조는 소태산 박중빈 대종사입니다. 불교의 발생지는 인도, 원불교의 발생지는 한국입니다. 불교의 기본교리는 4제 12인연 8정도, 원불교의 기본교리는 사은 사요 삼학 팔조입니다. 불교의 신앙의 대상은 부처님, 원불교의 신앙의 대상은 일원상의 진리입니다.

이 밖에도 원불교는 과거 불교를 혁신했다는 점에서 큰 차이점이 있습니다.

과거 불교는 출가와 재가 교도의 구분이 엄격하고 주로 산에 사찰을 짓고 직업을 갖지 않았습니다. 승려의 결혼도 제한하는 등 출세간 위주의 제도를 두고 있었습니다.

반면 원불교는 불교를 시대화·생활화·대중화했습니다. 교도들이 많이 거주하는 곳에 교당을 짓고, 처지를 따라 직업도 가질 수 있고, 출가 재가가 모두 공부와 사업에 있어서 똑같이 평가받고 대우를 받습니다. 결혼도 각자 원하는 대로 할 수 있습니다. 따라서 출가와 재가의 구분을 초월하는 제도를 갖추고 있다고 할 수 있습니다.

차이점을 얘기하는 것은 원불교와 불교의 우열을 논하기 위한 것이 아닙니다. 이미 원불교와 불교는 서로 다른 교단을 구성하고 있고 오랜 시간 독자적인 발전을 거듭해 왔기 때문입니다. 그래서 원불교와 불교의 비교는 서로의 특성을 올바르게 이해하는 길이라고 생각해야 합니다.

3. 소태산 대종사? 누구세요?

1916년, 깨달음과 동시에 원불교의 교문을 연 소태산 대종사. 소태산 대종사께서 직접 정리한 '정전'에는 원불교를 개교한 이유가 다음과 같이 밝혀져 있습니다.

> 진리적 종교의 신앙과 사실적 도덕의 훈련으로 일체생령을 광대무량한 낙원으로 인도하고자 함이니라.

진리적 종교의 신앙과 사실적 도덕의 훈련. 이 '진리적'과 '사실적', 이 두 단어에 원불교 가르침의 특징이 그대로 담겨 있습니다. 오직 '진리에 맞게, 사실적으로' 마음을 공부할 때 낙원으로 인도될 수 있다는 것입니다. 소태산 대종사께서는 진리적이고 사실적인 길을 열어주기 위해 가르침을 펴신 것입니다.

그렇다면 소태산 대종사께서는 어떻게 '진리적이고 사실적인 마음 공부길'을 열게 되었을까요? 먼저, 소태산 대종사께서 진리를 구하게 된 과정을 살펴보겠습니다.

· 혼란의 시대, 길을 찾다

소태산 대종사께서 태어난 곳은 전남 영광군 백수면 길룡리입니다. 서쪽으로는 옥녀봉만 넘어서면 서해와 맞닿지만, 사방이 높고 낮은 산들로 둘러싸인 궁벽한 산골입니다. 1891년 5월 5일, 소태산 대종사께서는 이곳에서 아버지 박성삼과 어머니 유 씨의 4남 1녀 중 셋째 아들로 태어났습니다. 아버지 박성삼은 가난해서 글을 배운 적은 없지만, 판단력이 뛰어나 근동 농토를 관리하는 마름이었습니다.

소태산 대종사는 어려서부터 모든 것을 대할 때 주의 깊게 살필 줄 알았습니다. 그리고 일곱 살 때부터 의심이 꼬리를 물고 이어지기 시작했습니다.

'저 푸른 하늘은 얼마나 넓을까?'

'저 바람은 어디서 불어오는 것일까?'

밤과 낮이 변하는 것, 봄·여름·가을·겨울의 변화, 사람이 태어나고 죽는 일, 행복과 불행은 커다란 의심으로 자랐습니다. 의심이 풀어질 것이라는 아버지의 권유에 서당에도 다녀 보았지만, 궁금증은 풀리지 않았습니다. 그 뿌리는 깊고 끈질겼습니다.

그렇게 의심이 가득 찬 마음에 한 줄기 빛이 비친 것은 11살 가을이었습니다. 1901년, 아버지를 따라 선산에 시제를 모시러 가서였습니다. 선조 제사 전에 산신 제사를 먼저 지내는 것을 보고 이유를 물은 소태산 대종사는 산신의 존재를 알게 되었습니다.

산신은 산의 주인으로 한없이 신령스러워 그 조화와 능력을 말로 써 다 할 수 없으며, 비와 물을 마음대로 부릴 수 있고, 풍년 들고 흉년 드는 것도 모두 산신의 뜻이라는 얘기를 들었습니다. 소태산 대종사는 산신이 신령스러운 힘을 가지고 있다면 모든 의심을 풀어 줄 수 있다고 생각했습니다.

그때부터 소태산 대종사는 산신을 만나기 위해 삼밭재 마당바위에서 기도를 드리기 시작했습니다. 더위와 추위에도 아랑곳하지 않고 5년 동안 계속 기도했습니다. 그러나 끝내 산신은 모습을 나타내지 않았습니다.

15살이 된 소태산 대종사는 부모의 명에 따라 홍곡리 규수인 양하운과 결혼했습니다. 하지만 결혼 후에도 의심은 그치지 않고 더욱 깊어만 갔습니다.

16세 되던 해 정월. 소태산 대종사는 인사차 처가가 갔다가 고대 소설 '조웅전'을 듣게 되었습니다. 주인공인 조웅이 도사를 만나 도술을 배우고 입신양명하여 간신배를 물리쳐 천하를 평화롭게 한다는 내용이었습니다.

소태산 대종사는 초인적인 능력을 갖춘 도사라면 반드시 의심을 풀어줄 수 있을 것으로 생각했습니다. 이후 소태산 대종사는 도인의 자취를 찾아 모든 정성을 쏟기 시작했습니다.

어느 곳이든 숨은 도사가 있다고 하면 바삐 그곳을 찾았고, 신통한 도술을 부린다는 사람이 있으면 집으로 청해 함께 생활하기도 했습니다. 그러나 도사라고 자칭하는 사람들은 허위와 사술에 지나지 않았습니다.

도사를 찾아다녔던 4년간의 노력이 실패로 돌아간 스무 살의 가을. 소태산 대종사는 큰 좌절을 겪게 됩니다. 바로 자신의 구도를 뒷받침해 주던 아버지가 열반한 것입니다.

세상 물정 모른 채 오로지 도만을 구하던 소태산은 당장 가족이 먹고살 길을 걱정해야 했습니다. 게다가 빚 독촉까지 받게 됩니다.

소태산 대종사는 자신만을 바라보는 나이든 어머니와 아내, 어린 딸을 위해 타리섬으로 파시 장사를 떠나게 됩니다. 고기를 잡는 뱃사람들에게 식량이나 물자를 대주고 잡아 온 고기를 받아서 육지 장사꾼에게 넘기는 장사였습니다.

전남 신안군 임자도에 딸린 작은 섬, 타리는 영광군 법성포에서 바닷길로 40km 거리입니다. 민어로 유명하던 타리섬은 모섬인 임자도와 5백여 미터 떨어져 있지만, 파시가 서면 배가 가득 차 배들을 넘어 걸어 다녔다고 합니다. 그러나 해방 이후 주 고객층이던 일본인들이 사라지자 타리 파시도 사라지고 주민도 점차 뭍으로 떠나면서 현재는 무인도가 되었습니다.

소태산 대종사가 타리 파시에 온 것은 1911년 6월입니다. 1910년 한일합방이 이뤄진 그 이듬해입니다. 당시 국권을 빼앗은 일본의 수

탈은 날로 심해졌고, 영광지역을 중심으로 한 의병 투쟁도 계속됐습니다. 특히 호남지역의 의병 투쟁은 치열했습니다.

일본군의 끊임없는 토벌 공세에도 불구하고 민중들의 광범위한 지원 아래 의병 투쟁은 날로 격화되었습니다. 1909년에 들어서면서 전국적으로는 의병 투쟁이 이전보다 현저히 약화되었지만, 호남지역 특히 전라남도에서 의병 활동은 기세가 꺾일 줄 몰랐습니다.

일제는 1909년 9월과 10월, 2달간에 걸쳐 전라남도와 그 외곽 지대의 의병을 진압하기 위해 '남한대토벌작전'을 펼칩니다. 일제는 양민까지 살해하고, 민가에 불을 지르고 약탈했습니다. 그 결과 민중들의 삶은 더욱 황폐해져만 갔습니다.

그 이후에도 세력이 약해지긴 했지만 영광 법성포에서는 의병 투쟁이 계속되었습니다. 소태산 대종사는 영광 법성포를 거쳐 타리섬으로 가면서 이러한 현실과 민중의 고단한 삶을 목격할 수 있었습니다.

'이 일을 장차 어찌할꼬.'

타리 파시에서 돌아온 소태산 대종사는 모든 현실에 절망해 손가락마저도 어떻게 할 수 없는 지경에 이릅니다. 몸은 바싹바싹 타들어 가 가죽만 남고, 종기는 고름이 되어 또다시 부스럼을 만들었습니다. 육신이 썩어가고 그의 몸에는 심한 악취가 났지만, 의식은 오히려 점점 깊은 명상의 경지에 이릅니다.

결국, 소태산 대종사의 그 절실함이 무르익고 무르익어 꽃을 피웠습니다. 1916년 4월 28일 새벽. 소태산의 나이 26세. 깊은 명상의 단계에서 깨어납니다. 그 절절히 사무쳤던 의문이 사라지고, 가망이라곤 전혀 없는 막다른 궁지에 몰렸던 일들이 돌연 탈바꿈되어 단순하고 분명한 해답을 드러냈습니다.

소태산 대종사는 대각한 경지에서 혼란의 시대에서 벗어나 새 시대를 열 수 있는 길을 제시합니다. 깨달음을 얻은 그해 5월. 개인·가정·사회·국가·세계 그리고 모든 인류가 밟아나가야 할 길로 '최초법어'를 설합니다.

'최초법어'에 새 세상 새사람이 되는 길인 '수신의 요법', 새 가정 새 국가를 이룩하는 길인 '제가의 요법', 상극 없는 새 세상을 이룩하는 길인 '강자 약자 진화상의 요법', 지도인으로서 실행해야 할 길인 '지도인으로서 준비할 요법'을 밝혔습니다.

침략과 전쟁, 차별과 억압이 가득한 혼돈의 시대. 한 젊은이의 고뇌와 방황은 바로 민중들의 고뇌와 방황이었습니다. 그리고 소태산 대종사의 깨달음은 혼돈에서 새롭게 찾은 길이었습니다.

· 새 세상을 열다

소태산 대종사는 1916년 원불교를 창시해 누구나 생활 속에서 마음을 공부할 수 있도록 길을 열어준 성자입니다. 혼란의 시대 한 중심에서 치열하게 진리를 구했던, 그리고 깨달은 진리를 통해 민중들의 의식을 변화시키고 변화된 민중들이 새 세상을 여는 주역이 될 수 있도록 인도했던 소태산 대종사.

깨달음을 얻은 스물여섯의 소태산 대종사께서는 꿈꾸었던 것은 무엇이었을까요?

바로 모든 인류와 생명들이 낙원 생활하는 것이었습니다. 그 낙원은 신비롭거나 초현실적인 세계가 아니라 도덕과 과학이 고루 발전된 세상이었습니다.

도덕문명으로 물질을 잘 사용할 수 있는 마음의 힘을 기르고, 그 바른 마음으로 과학을 잘 사용해서 빈곤·무지·질병을 물리친, 한마디로 몸과 마음이 모두 평화로운 세상이었습니다.

하지만 소태산 대종사가 자신의 포부를 펼칠 수 있는 길은 멀기만 했습니다. 대각을 이룬 1916년, 민중은 고통에 찬 현실을 변화시켜 줄 영웅이나 절대자만을 찾을 뿐이었습니다.

그래서 맨 처음 소태산 대종사는 민중의 눈높이에 맞춰 당시 유행하던 증산 교파의 치성을 통해 믿고 따르는 40여 명의 사람을 모았습니다. 그리고 도덕문명과 물질문명이 고루 발전한 낙원을 함께 이룰 동지요 제자를 찾기 위한 첫 작업으로, 모여든 사람들 가운데 정말 진리를 갈구하고 세상을 바꾸고자 하는 8명의 제자를 골랐습니다.

그렇게 낙원, 곧 새로운 시대를 현실 속에서 함께 이뤄나갈 사람을 찾은 소태산 대종사는 자신의 포부에 바탕을 둔 가르침을 펼치기 시작합니다.

대각을 이룬 다음 해인 1917년 8월부터 세상을 변혁하기 위한 최초의 활동으로 '저축조합'을 결성하고 공부 비용과 사업 자금을 마련합니다. 제자들은 술과 담배를 끊고, 옷과 음식을 절약하는가 하면 매달 특별 노동일을 정해 그 수입을 저축합니다. 그 결과 불과 몇 개월 만에 200여 원, 현재 금액으로 환산하면 1,000만 원에 이르는 큰 금액을 모으게 됩니다.

저축조합운동을 하며 제자들의 의식은 크게 바뀝니다. 영웅이나 절대자에 의해 세상이 한판 바뀌기만을 염원하던 의식이 현실적이고 합리적인 의식으로 바뀌게 된 것입니다. 의식의 전환은 1918년 3월부터 1919년 3월까지 1년여 동안 이뤄진 개펄 개척사업을 통해 완성됩니다.

당시 우리 사회는 농경 중심의 사회였기 때문에 모든 사람은 논밭을 갖는 것이 가장 큰 꿈이었습니다. 특히 소태산 대종사가 구도하고 제자들에게 가르침을 편 전남 영광군 백수면 길룡리 주민들에게는 더욱 간절했습니다. 그 지역은 해안과 구릉이 인접한 지역이어서 토지가 넓지 못하였기 때문입니다.

그래서 소태산 대종사는 마을 앞 갯벌을 막아 농토를 만들기로 합니다. 요즘은 굴착기라던가 트럭을 이용해 손쉽게 막을 수 있는 작은 바다였지만 당시는 흙 한 짐, 돌 하나를 모두 사람의 힘으로 날

라야 하는 엄청난 작업이었습니다. 주위에선 미친 짓이라고 비웃었지만, 제자들은 흔들림 없이 갯벌을 막아 2만6천여 평의 농토를 만들어냅니다.

갖고 싶었던 논밭을 직접 갯벌을 막아 만든 제자들과 그것을 지켜본 사람들 모두에게 의식의 큰 변화가 일기 시작합니다. 복이란 스스로 땀 흘려 일하고 실생활에서 사실적이고 과학적인 방법으로 노력할 때 비로소 얻을 수 있다는 것을 직접 체험한 것입니다. 그리고 이 체험을 통해 그들 스스로가 세상을 변화시키고, 역사를 이끌어가는 주체라는 사실을 확인하게 됩니다.

민중 스스로가 변화의 주체라는 자각! 그것은 기적과 같은 일이었는지도 모릅니다. 일본 제국주의에 짓눌린 조선에서, 배움도 없고 재산도 없는 시골 농부들이 스스로 세상을 변화시킬 수 있다고 생각하게 되었다는 것이 말입니다.

이후에도 의식의 전환은 소태산 대종사의 치밀한 계획에 의해서 진행되었습니다. 방언공사를 마친 1919년 3월, 새로운 차원의 의식 전환을 주도합니다. 이번에는 제자들에게 각자가 세계 인류의 정신문명을 이끌어가는 주체라는 자각을 심어줍니다. 1918년 3월 귀의한 송도군(훗날 정산 종사)과 8인 제자에게 물질문명의 노예가 되어 시름 하는 인류의 정신 회복을 위해 기도하도록 지도했습니다.

소태산 대종사는 제자들에게 이렇게 말합니다.

"지금 물질문명은 그 세력이 날로 융성하고 물질을 사용하는 사람의 정신은 날로 쇠약하여, 개인·가정·사회·국가가 모두 안정을 얻지 못하고 창생의 도탄이 장차 한이 없게 될지니, 세상을 구할 뜻을 가진 우리로서 어찌 이를 범연히 생각하고 있으리오. 옛 성현들도 창생을 위하여 지성으로 천지에 기도하여 천의(天意)를 감동시킨 일이 없지 않나니, 그대들도 이때를 당하여 전일한 마음과 지극한 정성으로 모든 사람의 정신이 물질에 끌리지 아니하고 물질을 사용하는 사람이 되어주기를 천지에 기도하여 천의에 감동이 있게 하여 볼지어다. 그대들의 마음은 곧 하늘의 마음이라 마음이 한번 전일하여 조금도 사가 없게 되면 곧 천지로 더불어 그 덕을 합하여 모든 일이 다 그 마음을 따라 성공이 될 것이니, 그대들은 각자의 마음에 능히 천의를 감동시킬 요소가 있음을 알아야 할 것이며, 각자의 몸에 또한 창생을 제도할 책임이 있음을 항상 명심하라."

'대종경' 제1 서품 13장

이 말씀은 아홉 명의 제자에게 무한한 사명감을 심어줍니다. 이 기도는 3월 26일에 시작해서, 6일·16일·26일 열흘에 한 번씩 올렸습니다. 기도 당일에는 오후 8시 안에 모두 모여 소태산 대종사의 가르침을 받은 후 9시경에 기도 장소로 출발했고, 기도는 10시부터 12시 정각까지 아홉 명이 각각 정해진 산봉우리에서 기도했습니다.

그런데 7월 16일이 되던 날, 소태산 대종사는 아홉 명의 제자들에게 충격적인 제안을 합니다.

"그대들이 사실로 인류 세계를 위한다고 할진대, 그대들의 몸이 죽어 없어지더라도 우리의 정법이 세상에 드러나서 모든 창생이 도덕의 구원만 받는다면 조금도 여한 없이 이 일을 실행하겠는가?"

'원불교 교사' 제1편 개벽의 여명 제4장 회상 건설의 정초
5. 백지 혈인의 법인 성사

모든 인류의 정신 구원을 위해 목숨을 바칠 수 있냐는 물음에 아홉 명의 제자들은 모두 희생하겠다고 맹세합니다.

열흘 후인 7월 26일, 아홉 명의 제자는 희생의 두려움이 아닌 거룩한 사명에 기뻐하며 모이고, 이때 신비한 일이 일어납니다. 각자 가지고 온 단도를 청수상 위에 올린 후 '죽어도 여한이 없다'는 증서에 아무것도 묻지 않은 맨 손가락으로 지장을 찍었는데 그 자리에 붉은 혈인이 나타난 것입니다.

소태산 대종사는 제자들에게 말합니다.

"그대들의 마음은 천지신명이 이미 감응하였고 음부 공사(陰府公事)가 이제 판결이 났으니 우리의 성공은 이로부터 비롯하였도다. 이제, 그대들의 몸은 곧 시방세계에 바친 몸이니, 앞으로 모든 일을 진행할 때에 비록 천신만고와 함지사지를 당할지라도 오직 오늘의 이 마음을 변하지 말고, 또는 가정 애착과 오욕(五欲)의 경계를 당할지라도 오직 오늘 일만 생각한다면 거기

에 끌리지 아니할 것인즉, 그 끌림 없는 순일한 생각으로 공부와 사업에 오로지 힘쓰라." '대종경' 제1 서품 14장

백지혈인의 이적은 혈인이 나타났다는 사실보다도 현실의 온갖 모순의 벽 앞에서 절망하고 좌절하던 나약한 민중이 이웃의 고난과 세상의 아픔을 자신의 아픔으로 받아들이고 책임지는 너른 안목의 인간으로 거듭났다는 데 있을 것입니다.

소태산 대종사는 대각을 이루고 4년 안에 저축조합운동, 방언공사, 백지혈인의 이적을 통해 민중의 의식을 변화시켜나갑니다. 하지만 3.1운동을 전후해서 커다란 위기를 맞게 됩니다. 3.1운동으로 조선 민중의 움직임에 촉각을 세우고 있던 일제의 눈에 소태산 대종사는 조선 민중을 선동할 위험한 인물로 보였기 때문입니다.

영광경찰서는 소태산 대종사를 일주일 동안 소환해 저축조합과 간척공사의 자금 출처를 조사합니다. 이 일로 소태산 대종사는 더 영광에 머물 수 없다고 판단하고, 전북 부안 내변산의 실상사 인근으로 거처를 옮기게 됩니다.

이러한 가운데서도 소태산 대종사는 가끔 영광을 다니며 제자들을 지도하는 가운데 원불교의 교리와 제도의 초안을 마련합니다. 원불교의 교리와 제도는 과거 불교가 가지는 문제점을 극복하고 새 시대에 맞는 불법을 만들어 나가는 데 요점이 있습니다.

이 시기에 저술한 '조선불교혁신론'을 보면 쉽게 원불교 교리와 제

도의 방향을 이해할 수 있습니다. 출가 재가의 차별을 없애고, 일반 대중이 알기 쉽게 경전을 만들고, 결혼은 각자 자유의사에 맡기고, 예법을 현실 생활에 맞도록 하고, 생활 속에서 마음공부 하는 교리와 제도를 만들어야 한다고 주장합니다. 한마디로 남자·여자·나이 든 사람·어린 사람·신분의 높고 낮음에 관계없이 누구나 생활 속에서 공부하고 실천할 수 있는 교법을 만든 것입니다.

또한, 부안 변산에 있는 3년 동안 많은 사람을 만났습니다. 그들은 한결같이 세상을 바로잡을 새로운 인물을 기다렸던 사람들이었습니다. 이 제자들은 소태산 대종사에게 길이 험난하고 장소가 좁은 부안 변산에서 모든 사람이 쉽게 찾아와 가르침을 받을 수 있는 곳으로 거처를 옮겨달라고 부탁합니다.

1924년 봄, 마침내 소태산 대종사는 새로운 출발을 단행합니다. 넓은 토지와 편리한 교통으로 재산 없는 민중들이 살기 좋은 땅, 전북 익산에 터를 마련하고 '불법연구회'라는 이름으로 가르침을 펴기 시작합니다. 소태산 대종사는 제자들과 함께 생활하며 낮에는 일하고 밤에는 공부하는 생활 속의 종교를 실현해 나갑니다.

제자들은 인근의 땅을 빌어 농사를 짓기도 하고, 엿을 만들어 엿장사를 하기도 하고, 과수원이나 양잠·양계를 해서 생활비를 벌었습니다. 밤에는 함께 모여 그날 있었던 일들을 이야기하는 가운데 소태산 대종사로부터 생활 속에서 마음공부 하는 법을 지도받았습니다. 비록 가난한 생활의 연속이었지만 그 속에서 낙원 생활을 체험했습니다.

수도와 생활이 하나 된 이상적인 공동체. 불법연구회는 당시 언론의 호평을 받기도 합니다. 1928년 11월 25일자 동아일보에는 '정신수양, 사리연구, 작업취사 3대 강령 아래 움직이는 400회원, 익산불법연구회의 특별한 시설'이라는 제목으로 소태산 대종사의 사진과 불법연구회가 소개됩니다. 이 시기 전국 각지에 교당이 하나둘 생겨나기 시작하고, 제자들도 기하급수적으로 불어나기 시작합니다.

하지만 일제 말기, 전쟁이 막바지를 향해 치달을 무렵 불법연구회는 존폐의 기로를 맞습니다. 일본 경찰들은 불법연구회 구내에 주재소를 만들어 소태산 대종사의 일거수일투족을 철저히 감시했습니다. 그뿐만 아니라 총독부 관리들이 불시에 방문해 회계서류를 감사하는 등 수모를 겪어야 했고, 각 지방의 불법연구회원들에게 보내는 '회보'의 모든 글을 검열하고 문장 하나하나를 문제 삼아 간행을 중단해버립니다. 소태산 대종사는 일제로부터 일본행을 요구받기도 했는데, 건강을 핑계로 위기를 모면합니다.

이 시기에 들어서면서 소태산 대종사는 제자들의 곁을 떠난다는 이야기를 부쩍 자주하고, 교리를 정리한 '정전' 간행을 서두릅니다. 불법연구회의 근간을 흔드는 일제의 술책에서 벗어나는 방법으로 소태산 대종사는 자신의 열반을 선택한 것이 아닐까 짐작하게 됩니다.

1943년 6월 1일, 소태산 대종사는 세수 53세를 일기로 열반에 듭니다. 대중과 함께 고락을 같이했던 소태산 대종사는 그 마지막 모습 또한 대중을 향한 자비로 가득했습니다.

소태산 대종사는 열반 2년 전인 1941년, 법회에 모인 대중에게 게송을 발표하면서 다음과 같이 말씀합니다.

> "옛 도인들은 대개 임종 당시에 바쁘게 전법 게송을 전하였으나 나는 미리 그대들에게 이를 전하여 주며, 또는 몇 사람에게만 비밀히 전하였으나 나는 이와 같이 여러 사람에게 고루 전하여 주노라. 그러나 법을 오롯이 받고 못 받는 것은 그대들 각자의 공부에 있나니 각기 정진하여 후일에 유감이 없게 하라."
>
> '대종경' 제15 부촉품 2장

소태산 대종사는 대각을 이룬 1916년부터 1943년까지 스물여덟 해 동안 늘 민중과 함께했습니다. 어떻게 하면 모든 인류가 도덕문명과 과학문명이 고루 발전한 세상에서 낙원 생활을 할 수 있을까? 어떻게 하면 민중 스스로 낙원을 이루는 주체가 될 수 있을까? 고민하고 또 하나하나 실현한 자비로운 스승이며 성자였습니다. 민중이라고 말하니 나와는 먼 이야기 같다고 생각하겠지만 민중은 우리 한 사람 한 사람입니다. 소태산 대종사께서 함께했고, 함께 하고 싶었던 사람은 바로 우리입니다.

· 소태산 대종사의 다양한 호칭

'소태산 대종사'는 원불교를 창건한 교조(教祖)의 호칭입니다.

소태산 대종사의 성은 박(朴)씨, 어릴 적 이름은 진섭(鎭燮)이며 결혼 후 자(字)를 처화(處化)라 하였습니다. 1916년 깨달음을 얻은 후 스스로 이름을 중빈(重彬)이라 썼으며, 소태산(少太山)은 스스로 쓴 호[自號]입니다.

소태산 대종사께서는 '소태산'의 의미를 직접 해석해주시지는 않았습니다. 하지만 글자로 의미를 유추해 볼 수 있습니다.

소(少)는 '적다', '많지 않다', '젊다'는 뜻이고,

태(太)는 '매우 크다'는 뜻입니다.

소태산은 '많지 않은 큰 산', '능히 작기도 하고 크기도 한 산', '젊고 큰 산', '작지만 큰 산', '점(콩:太)보다 더 작은(少) 산=무극(無極)'으로 해석할 수 있습니다.

그리고 '시루가 아니라 솥단지에서 살았던 사람'이라는 뜻으로 '솥에 산'을 한자로 음사한 호라고 이해하는 경우도 있습니다.

소태산 대종사 열반 후 정산 종사는 소태산 대종사께 원각성존(圓覺聖尊)이라는 존호(尊號)를 올렸습니다.

소태산 대종사를 이름 그대로 '박중빈'이라고도 하며, '소태산 박중빈' 또는 '원각성존 소태산 박중빈 대종사'라고도 부릅니다.

그러나 대다수의 원불교 교도들은 약칭하여 '대종사(大宗師)'라 부릅니다. '대종사'란 이 세상 모든 생령의 가장 큰 스승이라는 의미입니다.

4. 원불교 교리를 한눈에? 교리도!

소태산 대종사의 제자 사랑은 끝이 없는 것 같습니다. 소태산 대종사께서는 모든 교리를 밝혀 놓고도 교리를 한눈에 이해할 수 있도록 간단한 도식을 만드셨습니다. 바로 교리도입니다.

소태산 대종사는 원기 28년 1월, 교리도를 그려놓고 말씀하셨습니다.

> 참 좋다. 꼭 거북이 같이 생겼다. 오래오래 전해 갈 만고의 대법이다. 내 법의 진수가 모두 여기에 들어있다. 이대로만 수행한다면 빈부귀천, 유무식, 남녀노소를 막론하고 성불 못 할 사람이 없을 것이다.
>
> '대종경' 부촉품 7장. 서문성, '원불교 기초이해', 원불교출판사, 19쪽

교리도는 가난하든 부자든, 유식하든 무식하든, 남자든 여자든, 나이 든 사람이든 어린아이든 누구나 교리를 쉽게 배우고 실천할 수 있도록 만든 것입니다. 그 모양은 특이하게도 거북이 모양입니다.

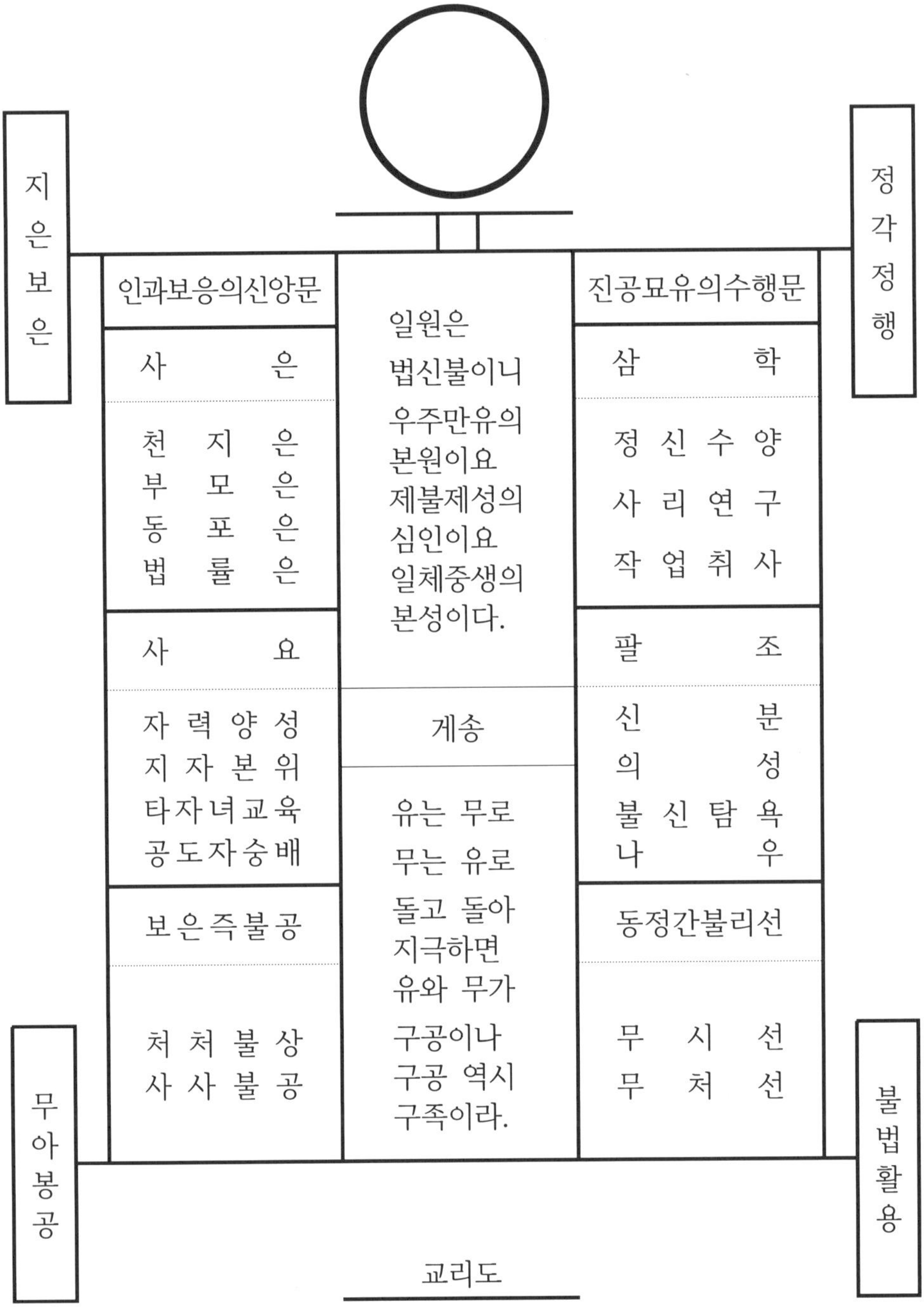
지은보은
정각정행
인과보응의신앙문
사은
천지은
부모은
동포은
법률은
사요
자력양성
지자본위
타자녀교육
공도자숭배
보은즉불공
처처불상
사사불공
일원은
법신불이니
우주만유의
본원이요
제불제성의
심인이요
일체중생의
본성이다.
게송
유는 무로
무는 유로
돌고 돌아
지극하면
유와 무가
구공이나
구공 역시
구족이라.
진공묘유의수행문
삼학
정신수양
사리연구
작업취사
팔조
신 분
의 성
불신 탐욕
나 우
동정간불리선
무시선
무처선
무아봉공
불법활용

교리도

거북이 모양으로 구성한 것은 동양의 전통사상에 근거한 것으로 볼 수 있습니다. 거북은 기린, 봉황, 용과 함께 전설 속의 네 가지 신령스러운 동물이기 때문입니다. 소태산 대종사께서는 원불교 교법이 거북이처럼 무한한 세월 전해갈 것이라고 했습니다. 그럼 거북이를 닮은 교리도의 구조를 살펴볼까요?

교리도의 맨 위는 일원상입니다.

일원상의 진리에 뿌리를 둬서 모든 교리가 만들어졌다는 것을 알 수 있습니다.

일원상 바로 밑에는 '일원상의 진리'가 있습니다.

일원은 법신불이니
우주 만유의 본원이요
제불 제성의 심인이요
일체 중생의 본성이다.

일원상의 진리 바로 아래에는 '게송'이 있습니다.

유는 무로 무는 유로
돌고 돌아 지극하면
유와 무가 구공이나
구공 역시 구족이라.

게송은 소태산 대종사께서 열반 2년 전인 원기 26년 1월, 일원상의 진리를 요약해서 제자들에게 전해준 것입니다. 교리도의 중심에 '일원상의 진리'와 '게송'을 배치한 이유는 모든 교리의 근본인 '일원의 진리'를 공부인들이 이해할 수 있도록 하기 위해서입니다.

교리도의 왼쪽에는 인과보응의 신앙문이 열려있습니다.

일원상의 진리를 신앙의 대상으로 모실 때 어떻게 공부해야 할 것인가? 공부길을 밝혀 놓은 것입니다. 인과보응의 신앙문에는 사은과 사요, 그리고 인과보응의 신앙문을 생활 속에서 실행할 수 있도록 만든 표어 '보은즉불공(報恩卽佛供)'·'처처불상(處處佛像)'·'사사불공(事事佛供)'이 배치돼 있습니다.

교리도의 오른쪽에는 진공묘유의 수행문이 열려있습니다.

일원상의 진리를 수행의 표본으로 모시고 어떻게 내가 일원상의 진리 그 자체가 되어 생활할 것인가? 그 공부길을 밝혀 놓은 것입니다. 진공묘유의 수행문에는 삼학과 팔조, 그리고 진공묘유의 수행문을 생활 속에서 실행할 수 있도록 만든 표어 '동정간불리선(動靜間不離禪)'·'무시선(無時禪)'·'무처선(無處禪)'이 배치돼 있습니다.

마지막으로 거북이의 네 다리는 사대강령입니다.

정각정행(正覺正行), 바르게 알아서 바른 실행을 하자. 지은보은(知恩報恩), 사은의 큰 은혜를 발견해서 크게 보답하자. 불법활용(佛法

活用), 불법을 잘 알아서 널리 활용하자. 무아봉공(無我奉公), 온 세상이 한 집안이니 무아로써 봉공하자. 사대강령은 교리를 네 가지 방향으로 집약한 것이기 때문에 사대강령의 실천이 바로 모든 교리의 실천이기도 합니다.

거북이 모양의 교리도를 보니까 이제 교리의 관계가 한눈에 보이시나요? 소태산 대종사께서 교리도를 만든 이유는 일원상의 진리와 우리의 생활이 완전히 하나가 되길 바라셨기 때문입니다. 잘 보이는 곳에 교리도를 붙여놓고 이 순간 일원상의 진리와 하나가 되었나 대조해보는 것도 좋은 방법일 것입니다.

5. 원불교에서는 무엇을 믿나요?

교당은 원불교 교도들이 모여서 신앙과 수행을 하는 건물입니다. 교당 외벽에는 대부분 동그라미가 설치되어 있습니다. 그래서 원불교에서는 동그라미를 믿는다고 생각할 겁니다.

그렇다면 동그라미는 무엇일까요?

동그라미는 일원상(一圓相)입니다. 일원상은 소태산 대종사께서 진리를 깨친 뒤에 자신이 깨달은 진리를 모두 바르고 쉽게 알아서 그 진리를 생활에 활용하는 길이 없을까 고민하는 가운데 만들어진 것입니다.

소태산 대종사께서는 원기 4년(1919년) 가을, 전라북도 김제 모악산 금산사에서 진리의 모습을 일원상으로 그렸습니다. 이 세상 어디에나 있는 진리, 그리고 세상의 모든 일이 작용하는 원리를 동그라미와 같은 그림으로 표현하면 좋겠다고 생각하셨습니다.

일원상을 정식으로 불단에 봉안한 것은 익산 중앙총부 대각전을 건축하고 불단을 조성한 원기 20년(1935)입니다. 당시에는 일원상 아래에 '사은의 본원, 여래의 불성'이라고 적었습니다.

진리의 사진인 일원상은 무엇을 상징할까요?

소태산 대종사께서는 '일원(一圓)은 우주 만유의 본원이며, 제불 제성의 심인이며, 일체중생의 본성'이라고 말씀하셨습니다.

'정전' 제2 교의편 제1장 일원상 제1절 일원상의 진리

일원상의 진리는 우주 만유의 본원입니다.

만유(萬有)란 우주에 존재하는 모든 것을 말합니다. 본원(本源)이란 사물의 주장이 되는 근원입니다. 즉 일원상의 진리는 우주에 존재하는 모든 것의 근원이라는 뜻입니다. 근원이라고 해서 눈에 보이지 않는 이치만을 가리키는 것이 아닙니다. 나무는 뿌리(땅속)와 가지(땅 위)와 그 성장(동화작용 등) 모두이듯이 본원이란 눈에 보이지 않는 이치와 눈에 보이는 현상을 모두를 포함합니다. 다시 말해 일원상의 진리는 우주에 존재하는 모든 이치와 그 이치대로 모습을 나타낸 존재라고 할 수 있습니다.

일원상의 진리는 제불 제성의 심인입니다.

심인(心印)이란 글이나 말로 나타낼 수 없는 내심(內心)의 깨달음을 이르는 말입니다. 곧 일원상의 진리는 모든 부처님과 성인이 깨달은 구경의 진리입니다.

일원상의 진리는 일체 중생의 본성입니다.

일체는 '모든', 중생은 '모든 살아 있는 무리', 본성은 '마음'을 가리킵니다. 일원상의 진리는 곧 모든 살아있는 생명의 마음을 이릅니다.

불단에 모셔진 일원상은 우주에 존재하는 모든 것, 모든 부처님과 성인이 깨달은 진리, 모든 살아있는 생명의 마음을 상징하는 것입니다. 그래서 일원상의 진리를 신앙의 대상과 수행의 표본으로 모신다는 것은 진리의 상징인 일원상을 신앙한다는 것이 아니라, 살아있는 모든 생명을 부처님으로 모시고, 모든 부처님과 성자의 가르침을 기쁘게 배우고 실천하며, 내 마음을 비롯한 모든 생명의 마음을 부처님의 마음으로 모시는 것입니다.

6. 원불교의 수행이 궁금해요!

수행하면 고행의 이미지가 강합니다. 그렇다면 원불교에서의 수행은 어떨까요?

원불교 수행에 있어서 핵심은 바로 일원상입니다. 원불교 공부인들은 일원상의 진리에 기초하여 수행하기 때문입니다. 그래서 원불교 수행은 한마디로 '일원상의 수행'입니다.

이상한가요? 일원상의 진리는 신앙의 대상이라고 했는데 수행과도 연결된다니 말입니다.

원불교에서는 '일원상의 진리'를 신앙하는 동시에 수행의 표본으로 삼습니다. '일원상의 진리'를 믿고 '일원상의 진리' 그대로 수행합니다. 어렵게 생각되지만, 일원상의 진리는 어려운 것도, 멀리 있는 것도 아닙니다.

소태산 대종사께서는 우리의 마음이 바로 일원상의 진리이고, 일원상과 같이 원만구족하고 지공무사하다고 밝혀주셨습니다. 바로 내 마음이 일원상과 같이 조금도 모자람이 없고 완전하게 갖추어져 있고, 내 마음이 일원상과 같이 지극히 공평하고 정당해서 치우침이 없고 사사로움이 없다는 것입니다.

그러므로 '일원상의 수행'은 마음을 갈고 닦아 새로운 형태로 변형시키는 것이 아니라 내 마음이 정말 원만구족하고 지공무사한 일원상의 진리와 같다는 것을 발견하고 활용하는 것입니다.

하지만 '정말 내 마음이 일원상과 같이 원만구족하고 지공무사한가?' 하고 의문이 드실 겁니다. 짜증 나고, 화나고, 미워하는 마음이 어떻게 원만구족 지공무사하냐고 말입니다.

이런 의문은 우리가 일상에서 흔히 사용하는 '원만함'과 '원만구족 지공무사함'을 혼동하는 데서 옵니다. '원만하다'는 것은 성격이나 행동이 모나지 않고 두루 너그럽다는 뜻이고 '원만구족 지공무사하다'는 모든 것이 다 포함돼 있고 지극히 공평하고 사사로움이 없다는 뜻입니다.

좋다 싫다, 선하다 악하다, 옳다 그르다는 분별이 끊어져 텅 빈 마음에서 사랑· 감사·기쁨과 같은 감정들뿐만 아니라 슬픔·분노·짜증과 같은 감정이 상황에 따라 나오는 것이 원만구족 지공무사입니다. '좋은 감정이니 나와도 좋아. 나쁜 감정이니 나오면 안 돼.' 판단해서 나오는 것이 아니라 자연스럽게 그 상황에 그 감정이 나오는 것이 원만구족 지공무사입니다.

소태산 대종사께서는 "사람의 성품은 정한 즉 선도 없고 악도 없으며, 동한즉 능히 선하고 능히 악하다."고 말씀하셨습니다.

'대종경' 제7 성리품 2장

사람의 마음은 경계를 대하기 전에는 선하지도 악하지도 않지만, 경계를 대해서는 선할 수도 악할 수도 있다는 것입니다.

이것이 마음의 작용이고 원리입니다. 그래서 짜증 나고, 화나고, 미워하는 마음은 모나지 않고 두루 너그러운 마음이 아니므로 원만하지는 않지만, 마음의 원리에 따라 일어난 것이기 때문에 원만구족하고 지공무사한 것입니다.

이처럼 원만구족하고 지공무사한
각자의 마음을 알고,
양성하고,
사용하는 것이 일원상의 수행입니다.

그런데 원만구족하고 지공무사하다는 의미를 이해는 했지만, 이제는 더 헷갈리시죠? 분노·짜증·악한 마음마저 알고, 양성하고, 사용하는 것이 수행이란 건지, 그렇다면 수행을 따로 할 필요도 없고, 원불교를 다닐 필요도 없는 게 아닌가? 하고 말이죠.

물론 악한 마음으로 자신은 물론이고 주위도 괴롭게 하자는 것이 아닙니다.

일원상과 같이 원만구족하고 지공무사한 각자의 마음을 알자는 것은 사람의 마음이 경계를 대하기 전에는 선하지도 악하지도 않지만, 경계를 대해서는 선할 수도 악할 수도 있다는 마음의 원리를 알자는 것입니다.

일원상과 같이 원만구족하고 지공무사한 각자의 마음을 양성하자는 것은 사람의 마음이 경계를 대해서 선하거나 악한 마음이 일어났을 때 경계를 대하기 전 선하지도 악하지도 않은 마음에 비춰보고, 경계를 대하기 전 그 선악의 분별이 없는 마음을 양성하자는 것입니다.

일원상과 같이 원만구족하고 지공무사한 각자의 마음을 사용하자는 것은 사람의 마음이 경계를 대해서 선하거나 악한 마음이 일어났을 때 경계를 대하기 전 선하지도 악하지도 않은 마음에 비춰보고 선악이 없는 그 마음에 기초해서 모두가 은혜로울 수 있도록 마음을 사용하자는 것입니다.

이처럼 '일원상의 수행'은 내 마음이 바로 일원상의 진리임을 알고, 양성하고, 사용하는 공부입니다. 경계 따라 다양하게 일어나는 마음을 경계 이전의 선악의 분별이 없는 마음에 비춰보고 사용한다면 언제든, 무슨 일을 하든지, 어떤 사람을 만나든지 그 자체로 수행입니다.

물론 늘 끊임없이 마음을 바라보고 경계 이전의 마음으로 돌아갈 수 있도록 훈련하는 공부 방법들도 있습니다. 간단하게 살펴보면 다음과 같습니다.

먼저 일원상과 같이 원만구족하고 지공무사한 각자의 마음을 아는 데 힘을 얻기 위해서는 경전, 강연, 의두, 회화, 성리, 정기일기를 공부합니다.

그리고 일원상과 같이 원만구족하고 지공무사한 각자의 마음을 양성하는 데 힘을 얻기 위해서는 염불, 좌선을 공부합니다.

마지막으로 일원상과 같이 원만구족하고 지공무사한 각자의 마음을 사용하는 데 힘을 얻기 위해서는 상시일기, 주의, 조행을 공부합니다.

원불교에서의 수행인 '일원상의 수행'을 살펴봤습니다.

이제 원불교에서의 수행은 고행과는 다르다는 것을 아셨을 겁니다. 원불교에서의 수행은 지금 이 순간 일어나는 사랑·기쁨·미움·분노·우울과 같은 다양한 마음을 통해 경계 이전의 분별없는 마음을 발견하고, 경계 따라 일어난 다양한 마음을 신기하게 바라보는 공부입니다.

'어디 있다가 이 마음이 나왔을까?' 신기하게 바라보면 사랑은 더욱 크게, 슬픔과 우울과 분노는 따뜻하게 녹아서 나를 더욱 사랑하게 되고, 세상을 더 잘 이해하는 힘이 되어줄 겁니다.

7. 교도에게 네 가지 의무가 있다?!

원불교에 입교해서 법명을 받은 사람을 교도라고 합니다. 그리고 원불교 교도가 되면 지켜야 할 네 가지 기본 의무가 있는데, 이를 '사종 의무(四種義務)'라고 합니다. 네 가지 의무는 조석 심고·법회 출석·보은 헌공·입교 연원입니다. '의무'라는 어감이 좀 딱딱하긴 하지만 그 내용을 살펴보면 공부길을 바르게 안내하는 실천 덕목들입니다.

그래서 원불교 교리를 깊이 이해하지 못했어도 이 네 가지 의무를 실행하다 보면 자연스럽게 공부의 바른길에 접어들게 됩니다. 그럼 네 가지 의무를 하나씩 살펴볼까요?

· 법신불 사은의 위력을 얻는 조석 심고(朝夕心告)

조석 심고는 아침과 저녁으로 일정한 시간에 심고를 올리는 것입니다. 아침에는 은혜로운 하루를 맞게 해주신 것에 감사하고 다짐하는 심고를 올리고, 저녁에는 은혜 속에 하루를 지낸 것에 감사하고 참회 반조하는 심고를 올립니다.

왜 조석 심고를 올릴까요?

우리는 지금 숨 쉬고 있는 이 순간에도 없어서는 살 수 없는 은혜 속에서 살고 있습니다. 그뿐만 아니라 소태산 대종사를 비롯한 과거·현재·미래의 모든 부처님과 성자, 그리고 과거·현재·미래의 모든 부모님의 은혜 속에 살아가고 있습니다. 그래서 나에게 은혜를 베풀어 주는 세상의 모든 존재인 법신불 사은과 기운을 연하고, 모든 부처님과 모든 성자와 마음이 통해서 그 위력으로 원하는 바를 이루기 위해서 심고를 올립니다.

조석 심고 올리는 방법은 간단합니다. 조석 심고 올리는 시간은 중앙총부·각 교당과 기관에서는 아침에는 5시, 저녁에는 9시 30분에 모시고 있지만 이 시간에 맞추기 어려우면 아침에는 일어나서, 저녁에는 잠자리에 들기 전에 올리면 됩니다.

심고의 시작은 목탁이나 죽비를 세 번 쳐서 알리고, 1분에서 2분 정도 심고를 모신 후 목탁이나 죽비를 두 번 쳐서 끝을 알립니다. 심고를 마치는 신호로 목탁이나 죽비를 두 번 칠 때 소리에 맞춰 두 번 절을 하는데, 첫 번째 절은 법신불과 소태산 대종사를 비롯해 모든 부처님과 성자에게 올리는 것이고, 두 번째 절은 이 몸을 낳아

주시고 길러주신 과거·현재·미래의 모든 부모님과 선조에게 드리는 것입니다.

· 공부길과 인생길을 알게 되는 법회 출석

법회 출석은 말 그대로 법회에 참석하는 것을 말합니다. 법회는 원불교의 법과 일원상을 중심으로 한 교리의 전반적인 내용을 설명해주고 일상생활에서 활용할 수 있도록 하는 법의 모임입니다. 법회에 참석해서 일주일 동안 생활하고 공부해 왔던 것을 돌아보고 점검해야 진리적인 삶을 살 수 있습니다.

법회에 참석할 때는 최소한 법회 시작 10분 전에 법당에 들어와서 법신불 앞에 일주일 동안 지냈던 일들을 고백한 후 분향과 헌배를 올리고 안정된 마음으로 법회를 보는 게 좋습니다.

법회 후에는 교무님이나 다른 교도들과 공부한 이야기를 나누면서 의문점을 해결하고 깨달은 것을 확인받는 시간을 갖는 것도 중요합니다. 그리고 집에 돌아가서는 법회를 통해 알게 된 내용을 실생활에 활용하도록 합니다.

· 은혜에 감사하는 보은 헌공

보은 헌공은 보은과 헌공을 합한 말입니다. 풀이해보면 보은하는 마음으로 공익을 위해 헌공한다는 뜻입니다. 나라는 존재는 혼자만의 힘으로 살아가는 것이 아니라 법신불 사은의 큰 은혜 속에 살아가고 있습니다. 그래서 법신불 사은에 감사하고 그 은혜에 보답해야 하는데, 보은 헌공이 바로 은혜에 보답하는 방법 가운데 하나입니다. 일상생활에서 근검·절약·절식해서 절약한 금전이나 물건을 공익사업에 희사하는 겁니다.

보은 헌공은 원불교 초기에는 현금이 귀한 농경 사회였기 때문에 보은미 제도로 시작됐습니다. 매일 밥 짓기 전에 그날 식량에서 조금 덜어서 모은 쌀을 교당에 내는 제도였습니다. 이후 점점 현금거래가 보편화하면서 헌공금 제도로 바뀌게 됐습니다.

그런데 보은 헌공금은 얼마나 내야 하나? 궁금하신가요?

보은 헌공금은 액수가 정해져 있지 않습니다. 각자의 형편에 따라 힘 미치는 대로 법신불 사은의 은혜에 보답하는 마음으로 내면 됩니다. 다만 유의할 것은 보은 헌공금은 다른 돈 다 쓰고 남은 돈을 내는 것이 아니라 초창기 때 밥하기 전 미리 쌀을 덜어 모았던 것처럼 일정 금액을 보은 헌공금으로 먼저 모아두는 정신이 중요합니다.

· 영생의 혜복을 열어주는 입교 연원

입교 연원은 아홉 사람 이상을 원불교에 입교시키는 것을 말합니다. 원불교와 인연을 맺어 입교시키자는 것은 그 사람에게 영생의 복과 지혜의 길을 열어주기 위해서입니다. 마음을 공부하는 바른 법을 만나 낙원 생활을 나만 할 것이 아니라 모두가 함께 즐기고 올바른 진리의 길로 나아가자는 것입니다.

그런데 왜 꼭 아홉 명 이상이라고 사람 수를 정해놓은 걸까요?

그것은 소태산 대종사께서 아홉 명의 제자들을 먼저 지도한 것에서 비롯된 것인데, 우리도 소태산 대종사처럼 아홉 사람을 지도하는 단장이 되자는 것입니다. 그리고 '연원'은 무엇의 근원이라는 뜻인데, 입교의 근원이 된 입교 연원이 그 사람을 부처가 되기까지 인도하는 성불 연원까지 돼야 하겠습니다.

교도의 네 가지 의무인 사종 의무를 살펴봤습니다. 조석 심고, 법회 출석, 보은 헌공, 입교 연원. 네 가지 조목이 간단하지만, 공부의 바른길을 안내하고, 또 복과 지혜를 장만하는 기본적인 방법입니다. 네 가지 의무를 진실한 마음으로 실천해서 낙원 생활 열어 가시길 바랍니다.

8. 교당 예절과 불단에 놓인 도구가 궁금해요!

건물에 일원상이 설치돼 있으면 교당이라는 것을 금방 알 수 있습니다. 교당은 원불교 신앙의 대상이자 수행의 표본인 법신불 일원상이 모셔져 있고, 원불교 의례가 행해지고, 원불교 교법을 배우고 체질화되도록 훈련하는 마음공부 학교입니다.

무슨 일을 시작하고, 새로운 인연을 맺는 것은 설레는 일이기도 하지만 낯설기도 합니다. 교당에 처음 들어섰을 때도 어떻게 행동해야 할지 낯설 겁니다. 간략하게 교당에서 지켜야 할 예절을 알아보고, 일원상이 모셔진 불단에 놓인 불전 도구와 법요 도구를 살펴보겠습니다.

· 교당 예절

교당에 가는 것은 생활 속에서 마음을 공부하며 궁금한 것을 묻고 공부길과 인생길을 잘 가고 있는지 확인하기 위해서입니다. 그래서

교당에 오고 갈 때는 준비가 필요합니다. 물론 아무 목적 없이 교당에 머무르는 것도 좋은 일입니다.

평소에 자신이 기재한 상시일기(그 날 하루의 유무념 처리와 학습 상황과 계문의 범과 유무를 기재하는 수행 일기)와 정기일기(그 날 하루의 작업 시간 수와 수입 지출과 심신 작용의 처리 건과 감각 감상을 기재하는 수행 일기)를 훑어보고 생활 속에서 깨달은 내용이나 궁금한 점을 살핍니다.

지도인에게 물을 내용과 공부길을 잘 밟고 있는지 감정을 얻을 내용을 준비한 후에 깨끗하고 단정한 차림으로 교당에 갑니다. 교당에 들어서면 먼저 대각전에 가서 법신불 전에 참배해야 합니다. 대각전은 신앙의 대상이자 수행의 표본인 법신불 일원상이 봉안된 법당입니다.

대각전의 문을 여닫을 때는 조심스럽게 조용히 여닫습니다. 대각전에 들어서면 먼저 법신불 전을 향해 서서 합장하고 인사합니다. 그 다음 조용한 걸음걸이와 바른 몸가짐으로 불단으로 향합니다. 불단 앞에 서면 촛불을 켜고 향을 사른 후 헌공금을 올린 다음 천지·부모·동포·법률의 은혜에 감사하며 큰 절로 4배를 올립니다.

촛불 켜는 방법

· 법신불 전에 합장하고 인사한 후 초 심지를 바르게 정리하여 촛대에 꽂습니다.
· 초가 반듯하게 잘 꽂혀 있는지 확인하고 촛불을 켭니다.
· 법신불 전에 합장하고 인사를 한 후 몇 걸음 물러서서 제자리로 돌아옵니다.
· 이미 촛불이 켜져 있으면 새 초로 갈아 끼우지 않습니다.
· 법당에서 제일 늦게 나오는 사람은 촛불을 끄고 나와야 합니다.

향 피우는 방법

· 불전에 인사하고 오른손으로 향을 하나만 뽑아 왼손으로 받쳐 잡고 촛불에 향을 사릅니다.
· 불이 붙은 향은 왼손을 받쳐 오른손으로, 불전을 향해 어깨선이 벗어나지 않도록 하여 둥근 원을 1회 그린 다음

바르게 향로에 꽂습니다.(향불은 입으로 불어 끄지 않습니다.)

· 분향한 후 합장한 채로 한 걸음 뒤로 물러서서 가볍게 절을 올립니다.

· 뒷걸음으로 제자리에 돌아와 엎드려 큰 절로 4배를 올립니다.

절하는 방법

· 자세를 바르게 하여 섭니다.

· 두 손을 합장하고 그대로 단정히 꿇어앉습니다.

· 발등이 바닥에 닿도록 발을 펴고, 엉덩이를 발뒤꿈치에 붙입니다.

· 윗몸을 천천히 굽혀 두 손을 팔자 형으로 땅에 붙입니다.

· 큰절을 할 때는 팔꿈치를 바닥에 붙이고 이마를 손등에 대며, 보통 절을 할 때는 이마를 손등에 대지 않습니다.

이때 주의할 점은 언제나 법회나 의식이 시작하기 5분 전에 마쳐야 하고, 법회나 의식이 진행되고 있다면 불단에 올라가 절하는 것은 삼가야 합니다.

법회가 진행될 때는 경건한 마음으로 임하고, 설교 시간에는 자신의 생활에 비춰보며 그 가르침을 실천하겠다는 마음으로 경청합니다. 법회가 끝나면 좌우 교도들과 인사하고, 신앙과 수행 생활에 대한 체험을 나눕니다. 그리고 지도인인 교무님 또는 단장님에게 공부한 내용을 문답하고, 공부하면서 깨달은 내용의 감정을 얻습니다.

· 불전 도구와 법요 도구

처음 교당에 다닐 때는 일원상이 모셔진 불단도 낯설기 마련입니다. 불단에 놓인 도구는 크게 두 가지로 나뉩니다. 불단의 위엄과 예의를 갖추기 위한 불전 도구와 법회·천도재·기도식 등 각종 중요한 의식 행사 때 사용하는 법요 도구입니다.

먼저 불전 도구에는 어떤 것이 있는지 볼까요?

불전 도구에는 향로·촛대·헌공합이 있습니다.

향로는 향을 피우는 그릇으로 금속이나 도자기로 만들며 여러 가지 모양이 있습니다. 향을 사르는 것에는 향이 자신을 태워 탁한 기운을 맑혀 향기로움을 베풀 듯 계행을 청정히 하고, 온 누리에 맑은 향기를 전하겠다는 뜻이 담겨 있습니다.

촛대는 초를 꽂아 촛불을 켜는 도구입니다. 촛불을 켜는 것에는 법신불 사은님께 귀의하여 지혜를 밝히겠다는 뜻이 담겨 있습니다.

헌공합은 헌공금을 넣는 나무 상자로 불단 앞에 놓습니다. 헌공은 사은에 대해 보은으로써 금전이나 물품을 바치는 것입니다.

다음은 법회, 천도재, 기도식 등 각종 중요한 의식 행사 때 사용하는 법요 도구를 살펴볼까요? 법요 도구에는 경상, 죽비, 목탁, 좌종, 청수기 등이 있습니다.

경상은 교전이나 경문 또는 죽비, 기도문 등을 올려놓는 조그마한 책상입니다.

죽비는 법회, 기도, 천도재 등 모든 의식을 집행할 때 시작과 끝을 알리기 위해 사용합니다.

목탁은 독경이나 염불을 할 때 운곡을 맞추고 호흡을 가다듬기 위해 사용하고, 또 아침과 저녁 심고 신호할 때도 사용합니다.

좌종은 법회 시작할 때 10타와 독경할 때, 천도법문을 읽을 때 사용합니다. 특히 천도재를 지낼 때 좌종 소리는 죽은 사람의 정신을 깨워서 바른 천도를 받게 합니다.

청수기는 불단에 맑은 물을 담아 놓은 그릇으로 마음을 맑게 한다는 수양의 의미를 담고 있습니다.

이제, 법요 도구와 불전 도구가 친근하게 다가오나요?
법요 도구와 불전 도구는 대각전에서 중요한 의식과 행사에만 사용하는 것이 아니라 개인이 기도를 올릴 때도 사용하기 때문에 기능과 사용방법을 잘 알아둔다면 신앙과 수행 생활에 도움이 됩니다.

9. 일생을 진리적으로 사는 법? 원불교 가정의례!

일생을 진리의 흐름에 따라 살 수 있다면 참 편안하고 행복할 겁니다. 그래서 원불교에서는 가례를 통해 인생의 중요한 시기마다 진리적이고 사실적인 삶으로 인도합니다. 태어나서 죽을 때까지 삶이 진리로 향할 수 있도록 이정표가 되어주는 것입니다.

그러면 진리적이고 사실적인 삶으로 인도해주는 원불교 가례를 살펴볼까요?

명명식

출생 후 7일이 되면 아기의 이름을 지어 아기가 잘 자라서 장차 큰 인물이 되도록 기원하는 명명식을 합니다. 명명식에서는 아기가 지혜와 복이 넉넉한 삶을 살아가도록 법신불 사은님께 기원합니다. 이때 부모는 자녀를 잘 기르고 가르쳐서 보은하는 인물로 키우겠다고 다짐합니다.

출생 7주 기원식

출생 후 7주가 되면 아이의 지혜와 복락을 위해 집이나 교당에서 출생 7주 기원식을 올립니다. 친척들과 고마운 분들을 초대해서 간소한 음식을 공양하고, 아기의 복을 빌기 위해 법신불 전에 불전 헌공금을 올려 불사나 공익사업에 사용합니다. 불전 헌공금은 사은에 보은하는 마음으로 법신불 전에 바치는 금전을 말합니다.

성년식

만 20세가 되면 그해 생일이나 적당한 날짜를 정해서 성년식을 올립니다. 성년식은 사회의 일원으로서 인격을 갖추게 됨을 축하하는 자리입니다. 인간 사회의 모든 의무와 권리를 부여하고 세상을 위해 보은하는 삶을 살도록 격려합니다.

결혼식

결혼은 남녀가 만나 한 가정을 이루는 것입니다. 가정은 가족들 간의 사랑을 통해 삶을 살아나가는 힘을 얻는 곳이기 때문에 결혼할 때는 신중하게 생각한 후에 끝까지 신의를 지키겠다는 굳은 약속과 정중한 의식으로 해야 합니다. 혼수품과 연회는 간소하게 해서 그 절약된 비용을 생활 기금으로 적립합니다.

회갑식

회갑은 출생 후 60주년을 맞이하는 기념의식입니다. 회갑식을 통해 그동안 법신불 사은의 지중하신 은혜에 감사하고, 보은 사업에 얼마나 노력했는지 돌아보는 시간을 갖습니다. 식을 마친 다음 간소한 음식으로 내빈을 접대하고 절약한 비용은 노후를 위해 적립합니다.

천도재

열반 후 49일까지 열반인을 위해 천도 발원을 올리는 것을 천도재라고 합니다. 사람이 죽으면 그 영이 대개 49일간 중음으로 머물다가 다시 몸을 받게 됩니다. 중음이란 산스크리트어로 '중간의 존재'를 뜻하는데, 사람이 죽은 뒤 다음 생의 몸을 받을 때까지의 상태를 말합니다. 그 동안 유족은 천도재를 지내며 열반인이 원한이나 애착 탐착을 놓고 올바른 천도의 길을 갈 수 있도록 정성을 다해 기원합니다.

열반기념제

열반인의 돌아가신 날에는 열반인을 추모하며 열반기념제를 모십니다. 추모의 정성을 바치는 동시에 열반인의 영원한 명복을 정성으로 기원하는 의식입니다. 열반기념제에서 독경과 법문은 열반인의 업장을 녹이고, 부처님과의 인연을 깊게 해줍니다. 그리고 열반인의 이름으로 올린 불전 헌공금으로 공도 사업을 하므로 미래의 명복이 증진됩니다.

지금까지 출생부터 열반까지 이뤄지는 원불교 가례를 살펴봤습니다. 원불교 가례의 특징은 의식을 통해 진리에 맞는 생활을 할 수 있도록 마음을 새롭게 한다는 것과 간소한 의식으로 절약된 금액을 불사나 공익사업에 사용해서 눈에 보이지 않는 복을 장만하자는데 있습니다.

더 알고 싶은 몇 가지!

1. 원불교 교서
2. 법회
3. 원불교의 경축일과 대재
4. 경문과 주문
5. 원불교 성지
6. 원불교 역대 종법사

1. 원불교 교서

교서는 원불교의 경전입니다. 경전은 공부인에게 그 공부하는 방향로를 알게 하기 위한 것입니다.

'정전' 제3 수행편 제2장 정기훈련과 상시훈련 제1절 정기훈련법

즉 공부인이 자신의 삶으로 공부하면서 어떻게 공부해야 하는지 길을 인도해주기 위해, 공부의 원리와 원론을 밝혀주신 것이 경전입니다.

그러나 중요한 것은 경전에 밝혀주신 원리와 원론을 내 삶에 응용해서 생활에서 도움을 얻어야 진정한 공부의 재미를 느낄 수 있다는 것입니다.

원불교의 10종 교서는 정전, 대종경, 불조요경, 원불교예전, 세전, 정산종사법어, 대산종사법어, 원불교교사, 원불교교헌, 원불교성가입니다.

· 정전

'정전'은 정산 종사께서 교리의 원강을 밝혀주신 '원경(元經)'이라 하셨습니다. 소태산 대종사 만년에 직접 편찬하여 1943년(원기 28) '불교정전'으로 발간했는데, 이를 정화사에서 재결집하여 1962년(원기 47) 그의 어록인 '대종경'과 함께 '원불교교전'으로 합간했습니다.

'정전'의 제1 총서편은 개교의 동기 · 교법의 총설로, 개교 이념과 교리 강령을 밝혔습니다.

제2 교의편은 제1장 일원상에 일원상의 진리 · 일원상의 신앙 · 일원상의 수행 · 일원상서원문 · 일원상 법어·게송을 싣고, 제2장 사은에 천지은 · 부모은 · 동포은 · 법률은을 싣고, 제3장 사요에 자력양성 · 지자본위 · 타자녀교육 · 공도자숭배를 싣고, 제4장 삼학에 정신수양 · 사리연구 · 작업취사를 싣고, 제5장 팔조에 진행 4조 · 사연 4조를 싣고, 제6장 인생의 요도와 공부의 요도를 싣고, 제7장에 사대강령을 실어 본교의 종지(宗旨)인 일원상에서부터 신앙문과 수행문의 교의를 수록했습니다.

제3 수행편은 제1장 일상수행의 요법, 제2장 상시훈련과 정기훈련에 정기훈련법 · 상시훈련법 · 정기훈련법과 상시훈련법의 관계를 싣고, 제3장 염불법, 제4장 좌선법, 제5장 의두요목, 제6장 일기법, 제7장 무시선법, 제8장 참회문, 제9장 심고와 기도, 제10장 불공하는 법, 제11장 계문, 제12장 솔성요론, 제13장 최초법어, 제14장 고락에 대한 법문, 제15장 병든 사회와 그 치료법, 제16장 영육쌍전법, 제17장 법위등급을 실어 실천수행의 원리를 밝혔습니다.

편차의 성격에서 보면 총서편은 교리의 총설이며, 교의편은 구체적인 교리체계로 그 결론은 사대강령이고, 수행편은 교리 체계의 전체 또는 각 항에 따른 실천 수행 원리로 그 결론은 법위등급입니다.

수행편은 대부분 '○○○법'입니다. 일상수행의 요법, 정기훈련법, 상시훈련법, 염불법, 좌선법, 무시선법, 불공하는 법 등 일상에서 수행하면서 활용하는 방법을 밝혀주신 것입니다. 생활할 때 마음을 어떻게 사용해야 하는지 궁금하면 '일상수행의 요법'을 찾아보면 되고, 염불하다가 염불하는 방법이 궁금하면 '염불법'을 찾아보고, 어떤 일에 불공해야 하거나 누군가에게 불공해야 할 때 '불공하는 법'을 찾아보면 됩니다.

· 대종경

'대종경'은 소태산 대종사의 언행록입니다.

'대종경'은 정산 종사께서 두루 통달케 하여 주신 '통(通)'의 경전이라 말씀하셨습니다. 총 15품 547장으로 구성되어 있습니다.

'대종경' 15품의 내용을 특징적으로 요약하면 다음과 같습니다.

서품에는 원불교 창립과 관련한 서설적 법어가 주를 이루고 있으며, 소태산의 대각과 불교의 연원, 초기 교단의 저축조합과 방언공사 등이 언급되고 있습니다.

교의품에는 교리 대체를 이해할 수 있는 내용으로서 유·불·선 삼교의 주체, 일원상의 신앙과 수행, 용심법, 도덕문명, 종교와 정치 등이 주로 언급되고 있습니다.

수행품에는 수행에 관련된 법설들로서 일상 수행의 요법, 삼학 수행, 동정일여의 무시선과 내외정정, 수승화강의 원리, 기질수양과 심성수양 등이 거론되고 있습니다. 또한, 단전주 선법과 일심공부 및 수행상의 주의점 등이 언급되고 있습니다.

인도품에는 인도와 관련된 내용으로서 도덕의 의의, 인도의 실천과 불방심, 순역 경계에 처한 공부법, 큰 재주의 심법, 좋은 인연 맺는 법, 솔선 실행의 지도법, 제가의 요법, 부모의 자녀교육법, 태교의 중요성 등을 설명하고 있습니다.

인과품에는 불생불멸 및 음양상승과 인과보응의 원리, 상생 기운과 상극 기운, 인과의 자업자득, 신구의 삼업에 의한 과보, 자업자득의 원리, 삼세의 과보 등이 설해져 있습니다.

변의품은 교리 이해에 있어 비교적 난해한 용어들, 이를테면 천지의 식, 소천소지, 삼천대천세계, 삼명육통, 궁궁을을, 시해법, 돈오돈수 등의 용어를 설명해주신 법문입니다.

성리품은 성품과 깨달음에 대한 법어들이 주를 이루고 있습니다. 원불교의 성품 및 고락관, 성품의 체용, 통만법명일심, 견성과 성불, 만법귀일, 무무역무무 비비역비비, 격외설과 견성 인가, 과거 칠불과 석가의 계송 및 소태산의 계송 등을 언급하고 있습니다.

불지품에는 부처의 자비 방편에 대한 법설, 대자대비와 제도사업, 불보살의 무애자애, 희로애락에 있어 중생과 불보살, 영통과 도통 및 법통의 의미, 천상락과 인간락, 광활한 천지와 간격의 타파에 대한 법설이 소개되어 있습니다.

천도품은 생사의 원리와 사자의 영혼 천도에 대한 법설이 주를 이루고 있습니다. 열반인의 영혼을 보내는 방법, 열반을 준비하는 법, 생사고락의 원리, 생사 해탈과 윤회, 욕심은 선악의 갈림길, 천도의 공력, 생전 천도에 대한 내용이 들어있습니다.

신성품은 신앙인의 신성에 대한 언급이 대체를 이루고 있습니다. 사제 간 신성의 의미와 공덕, 구정선사의 신성, 하늘에 사무치는 신성, 주세성자에 대한 신성과 심법을 언급하고 있습니다.

요훈품은 주로 요언 법훈에 대한 법설이 주를 이루고 있습니다. 어리석은 사람의 행동과 지혜인의 솔성 · 덕행 · 봉공 등 일반적인 교훈들입니다.

실시품은 소태산의 위의덕량과 운심처사로 실시 시범한 법문이 발견됩니다. 풍랑에 태연한 법력, 도량 제초의 의의, 절약생활, 소태산의 엄교와 자비 및 인품과 위용을 언급하고 있습니다.

교단품은 원불교 회상의 중요성, 교단의 화합·발전, 회상 창립의 길에 관한 교훈들이 언급되고 있습니다.

전망품은 소태산 대종사께서 미래를 전망한 내용입니다. 미륵불과 용화회상, 원시반본과 교훈 및 예언들이 설명되고 있습니다.

부촉품은 '대종경'의 마지막 품으로 소태산 대종사께서 열반을 앞두고 설하신 부촉의 법설이 주를 이루며, 최후 법설, 삼위일체의 의의와 공덕도 언급되었습니다.

· 불조요경

과거 불경 가운데 큰 진리를 담은 경전과 마음공부에 요긴한 다섯 개의 경과 세 개의 조사(祖師)어록을 수록하여 놓은 것으로 모두 소태산 대종사가 친히 선정하여 '불교정전'에 편입하였습니다.

불조요경에는 금강반야바라밀경(金剛般若波羅密經), 반야바라밀다심경(般若波羅密多心經), 사십이장경(四十二章經), 현자오복덕경(賢者五福德經), 업보차별경(業報差別經), 수심결(修心訣), 목우십도송(牧牛十圖頌), 휴휴암좌선문(休休庵坐禪文)이 있습니다.

· 예전

사람이 사람으로서 갖추어야 할 내용을 원리적으로 수록함과 동시에 가정과 교단에서 의식을 집행하는 의의와 목적 및 방법을 수록한 경전입니다. 원불교의 모든 예법이나 예식행사는 이 예전에 근거하여 행하게 됩니다.

총서편에는 예의 총강을 밝혔습니다.

제1 통례편은 인간이 일상생활을 통하여 누구나 평범하게 갖추어야 할 내용을 밝혔습니다.

제2 가례편은 사람이 태어나서 죽을 때까지의 과정을 의식에 맞춰서 해야 함을 설명한 가정의 예법입니다.

제3 교례편은 교단을 중심으로 하여 교당에서 행사하는 일체의 의례를 밝혀 놓았습니다.

부(附) : 예문편은 가례 및 교례의 의식을 집행하여 가는데 있어서 사용되는 문례(文例)들을 기록하여 놓았습니다.

· 세전

소태산 대종사의 수제자인 정산 종사가 편차(編次)를 친정(親定)했고, 요지(要旨)를 친술(親述)했는데, 태교(胎敎)로부터 출생 · 교육 · 결혼 · 열반에 이르기까지 인간이 가정 · 사회 · 국가 · 세계를 통하여 마땅히 밟아야 할 도리강령(道理綱領)을 밝혀 놓았습니다.

세전의 차례는 제1장 총서, 제2장 교육, 제3장 가정, 제4장 신앙, 제5장 사회, 제6장 국가, 제7장 세계, 제8장 휴양, 제9장 열반, 제10장 통론으로 되어 있습니다.

· 정산종사법어

소태산 대종사의 수제자인 정산 종사의 법문과 제자들이 수필(受筆)한 법문들을 편집 수록했습니다. 정산 종사 열반 후 편찬되어 원기 57년에 처음 발행되었습니다.

· 대산종사법어

대산종사법어는 대산 종사의 언행록으로 대산 종사 탄생 100주년을 기념하여 원기 99년 발간되었습니다.

· 원불교교사

원불교 역사가 수록되어 있는 교서입니다.

소태산 대종사 탄생의 필연성과 탄생에서 열반에 이르기까지의 과정 및 열반 후의 교단의 여러 가지 상황을 사건 중심으로 상세히 설명하고 있어 원불교를 이해하는 데 많은 도움이 됩니다.

· 원불교교헌

원불교 교단의 기본 헌장입니다. 교단 운영의 기본 법규와 제도, 각 기구들이 하는 일들을 명시하고 있습니다.

· 원불교성가

원불교 성업(聖業)을 찬미하는 노래들로 구성되어 있으며 신앙과 수행을 돕기 위하여 만들어졌습니다.

2. 법회

법회는 교법을 강론 · 강설 · 강의하고 훈련하며, 신앙과 수행을 촉진하기 위해 교무와 교도가 함께 모이는 집회입니다.

정례법회와 수시법회가 있고, 정례법회에는 월례법회와 연례법회가 있습니다. 월례법회에는 예회와 야회가 있고, 연례법회에는 동선 · 하선 · 교리강습회가 있으며, 수시법회는 형편에 따라 적당한 시기에 갖습니다.

여러 가지 법회 중 가장 기본이 되는 법회는 예회입니다. 예회는 정례법회의 줄임말입니다. 대개 일요일에 개최하고 형편에 따라 일요일이 아닌 다른 적당한 날에 갖기도 합니다.

야회는 창립 초기에는 많이 가졌으나 오늘날에는 과거처럼 자주 갖지는 않습니다. 동선 · 하선 교리강습회도 초창기에는 연례법회로 널리 시행했으나 오늘날에는 7일이나 10일 정도의 교무훈련을 합니다.

예회는 대개 설교와 경강이 중심이 되나 때로는 기도법회 · 성가법회 · 체육법회 · 야외법회 등 여러 가지 형태를 보입니다.

· 예회 식순

예회는, 예회의 성격에 따라 순서가 달라질 수 있습니다. 현행 예회 순서도 형편에 따라 약간의 가감이 있을 수 있습니다.

일반적인 예회 식순은 아래와 같습니다.

좌종 10타

주례는 개회 전에 촛불을 켜고 향을 피운 후 좌종 10타를 한 뒤 그대로 앉아 있습니다. 단, 사회가 없는 경우는 사회석으로 이동합니다.

개회

개회는 예회의 시작을 선포하는 것입니다. 사회(주례)는 죽비 3타를 하고 대중을 향해 합장하고 경례하면서 "반갑습니다"라고 하고, 대중도 합장하고 경례하면서 "반갑습니다!"라고 합니다. 사회는 개식의 말을 할 수 있습니다.

법신불 일원상 전 헌배

원불교 신앙의 대상이요 수행의 표본인 법신불 일원상을 향해 주례와 대중은 자리에서 일어나 대례로 4배를 올립니다. 대각전(법회 장소)에 의자가 놓여있는 경우는 일어선 상태로, 마루로 된 경우에는 엎드려 대례로 4배합니다. 사회의 죽비 신호에 추어서 합니다.

입정

예회에 오롯하게 임할 수 있도록 잠시 동안(2~3분) 마음을 모으는 시간입니다. 사회의 죽비 1타로 입정을 시작하여 죽비 1타로 출정신호를 합니다. 주례자는 법신불 일원상 전 헌배 후 불전 앞에 앉아 있다가 입정합니다. 단, 사회가 없는 경우 주례자가 좌종으로 대신합니다. 입정 시간은 법회와 교당의 상황에 따라 가감합니다.

독경

사회는 "독경합니다. 독경은 일원상 서원문과 반야심경입니다."라고 합니다.

주례는 좌종 3타를 한 후 '일원상서원문'을 선창하고 좌종 1타와 함께 목탁으로 운곡을 맞추어 독경합니다. 대중은 목탁 신호를 따라 독경합니다. 대중이 운곡에 일탈하지 않도록 합니다. '…서원함' 후 좌종 1타 합니다.

반야심경을 독경할 때는 주례가 '반야바라밀다심경'을 선창한 후 좌종 1타를 하고 '…모제사바하' 후 좌종 3타로 독경을 마칩니다.

주례가 혼자인 경우에는 독경 주간에 좌종 1타를 생략할 수 있습니다.

성가

"성가는 ○○장 ○○○○노래입니다."라고 합니다. 반주자는 피아노(악기) 앞에 대기하고 있다가 사회자의 안내가 끝나면 바로 연주합니다.

설명기도 및 심고가

설명기도는 한 주일의 생활에 대해 감사와 잘 잘못을 참회하고 서원을 비는 시간으로 대중은 설명기도에 한마음이 되어야 합니다.

모두 자리에서 일어나 사회자의 죽비 1타에 합장하고 설명기도를 시작하며, 설명기도가 끝나면 반주가 있을 때는 마침 죽비를 치지 않고 바로 반주에 들어가 합장한 상태로 심고가(성가 128) 1절을 부르고, 반주가 없으면 마침 죽비 1타 후 이어서 심고가 1절을 부르고 경례합니다.

법어봉독

예회에서 법어봉독은 소태산 대종사의 법어를 봉독함이 원칙으로 통용되나 때로 정산종사법어 또는 역대 종법사의 법어를 봉독할 수 있습니다.

사회는 대중이 설명기도 후 자리에 앉으면 "오늘 우리가 받들 법문 말씀은 대종경(○○법어) ○○품 ○○장, 전서 ○○쪽입니다."라고 안내합니다.

법어를 봉독하는 사람은 경전을 두 손으로 받쳐 들고 대중을 향하여 경례하고 대중은 합장하고 예를 같이 올린 후 법어를 봉독합니다. 법어는 봉독하는 사람 혼자 봉독하고 대중은 조용히 경청하기도 하고, 대중과 합독하기도 합니다. 법어봉독이 끝나면 봉독한 사람은 대중에게 경례를, 대중은 경(經)에 예를 동시에 올립니다.

일상수행의 요법

지난 일을 일상수행의 요법대로 신앙하고 수행하였는가를 살피고, 다음 예회까지 일상수행의 요법대로 오롯이 신앙하고 수행할 것을 서원하기 위해 대조합니다.

사회자가 "일상수행의 요법을 외우며 각자의 마음과 생활을 대조하겠습니다." 한 후 '일상수행의 요법'을 선창하면 대중은 "심지는 …" 하면서 함께 대조합니다. 죽비 신호는 하지 않습니다.

성가

성가는 1, 2곡 정도를 즐겁고 경건하게 부릅니다. 반주자는 피아노 앞에 대기하고 있다가 사회의 안내가 끝나면 바로 반주합니다.

설교(설법)

소태산 대종사의 가르침을 대중을 향하여 교역자나 기타 법의 이해가 깊은 사람이 일상생활의 직·간접 경험을 토대로 신앙과 수행적으로 전하는 것입니다. 설법은 법위가 정사(正師, 법강항마위) 이상 된 분이 법을 설할 때를 말합니다.

사회자는 "오늘 설교(설법)는 ○○타원(○산) ○○○교무님께서 해주시겠습니다."라고 합니다. 설법자가 종사 이상의 법위를 가진 경우는 청법가(성가 162)를 설법 전에 부릅니다. 사회자는 설교 후 설교 내용을 요약하거나 부연하는 것은 삼갑니다.

심고

예회를 마무리하며 돌아오는 날에도 법에 맞게 신앙과 수행할 것을 서원하고 각자 원하는 바를 묵상으로 법신불 일원상 앞에 기원하는 시간입니다.

대중은 앉은 채 죽비 1타에 합장하고 예를 올린 후 묵상심고를 시작하여 1분 정도 심고 후 죽비 1타에 예를 올린 후 마칩니다.

성가

성가는 지정하여 한 곡을 계속 부를 수도 있고 상황에 따라 다양하게 곡을 선택하여 부를 수 있습니다.

폐회

죽비 3타로 예회를 마무리합니다. 죽비 소리에 맞추어 법신불 일원상 앞에 합장하고 예를 올리며 "마음공부 합시다!"라고 말하며 예회를 마칩니다. 공고가 있을 때는 폐회 전에 하며 너무 길지 않게 합니다.

3. 원불교의 경축일과 대재

예로부터 모든 종교에는 그 종교의 가르침에 따라 경축의 뜻으로 지내는 의식과 추모의 뜻으로 지내는 의식이 있습니다. 여기에는 종교의 근본정신이나 교조의 가르침을 마음으로 다시 새기고 신앙하자는 뜻이 담겨있습니다.

원불교에는 4축 2재가 있습니다. 4가지 경축일로는 신정절(1월 1일), 대각개교절(4월 28일), 석존 성탄절(음력 4월 8일), 법인절(8월 21일)이 있습니다. 2가지 대재로는 육일대재(6월 1일), 명절대재(12월 1일)가 있습니다.

· 신정절 (1월 1일)

매년 1월 1일에 법신불과 스승님과 어른들에게 세배를 올리고, 동지 간에 서로 인사를 교환하며, 지나간 한 해를 결산하고 새해의 계획을 세우며, 양양한 앞날을 축하하는 경절입니다.

· 대각개교절 (4월 28일)

소태산 대종사의 대각을 이룬 날과 이날을 원불교가 실질적으로 개교한 날로 보아 경축하는 원불교의 최대 경축일입니다. 이날은 소태산 대종사의 대각과 원불교의 개교라는 큰 뜻 이외에도 원불교 교도들의 공동 생일을 기념하는 명절이기도 합니다.

소태산 대종사께서는 1891년 5월 5일(음 3월 27일)에 탄생하셨고, 1916년 4월 28일(음 3월 26일)에 대각하셨습니다. 대개의 종교는 교조의 탄생일을 가장 큰 경절로 경축하지만, 원불교는 교조의 탄생일보다 대각을 이룬 날을 제1의 경축일로 정했고, 탄생기념까지 겸했으며, 또한 교도들의 공동 생일까지 겸하고 있습니다.

원불교는 대각개교절부터 한 달 동안을 대각개교 경축 기간으로 정하고, 특별법회 · 사상강연회 · 성지순례 · 예술제 · 체육대회 등 각종 경축행사를 거행하며, 각종 사회 봉공 활동을 펼치는 등 대각과 개교의 의의를 원불교 교단뿐만 아니라 인류사회에 알립니다.

공동 생일을 겸한 것은 원불교에 입교함으로써 교법 정신으로 다시 태어남을 의미하는 정신의 생일을 상징합니다.

· 석존성탄절 (음력 4월 8일)

소태산 대종사께서는 진리를 깨치시고 모든 종교의 경전을 두루 살펴보셨습니다. 특히 불교의 금강경을 보시고 "석가모니 부처님은 진실로 성인들 중의 성인이라" 하셨습니다. "내가 스승의 지도 없이 깨달음을 얻었으나 발심한 동기로부터 깨달음을 얻은 과정을 돌아보면 과거 석가모니 부처님의 말씀에 부합되는 바가 많으므로 나의 연원(淵源)을 석가모니 부처님에게 정하노라." 하셨습니다. '대종경' 제1 서품 2장

원불교에서는 소태산 대종사를 스승으로 모시고, 더불어 소태산 대종사께서 연원으로 정하신 석가모니 부처님을 법계의 연원으로 모시는 뜻에서 음력 4월 8일 석존성탄절에 경축 의식을 지냅니다. 이는 가정에서 부모님께 공경을 다하는 것과 더불어 조부모님을 모시는 데에도 정성을 다하는 예와 같은 것입니다.

세상의 모든 일은 근원이 있기 마련입니다. 성자들께서도 시대와 장소는 다르지만, 인류 구원의 큰일을 하시면서 서로에게 법맥을 잇고 감사하는 실행을 보이셨습니다.

· 법인절 (8월 21일)

소태산 대종사께서 대각을 이룬 후 표준제자 9인과 함께 창생을

구원할 서원을 세우고 기도를 올리도록 했습니다. 1919년(원기 4) 8월 21일(음 7. 26)에 '사무여한(死無餘恨)'의 결의로 마지막 기도를 올린 결과 백지에 혈인(血印)이 나타난 것을 보고 소태산 대종사께서는 기도의 정성에 천지신명이 감응한 증거라고 하면서 '그대들의 몸은 곧 시방세계에 바친 몸'이니, '순일한 생각으로 공부와 사업에 오로지 힘쓰라'고 하셨습니다. '대종경' 제1 서품 14

이를 '법인성사(法認聖事)'라 하며 이날을 기념하는 법인절을 제정했습니다. 초기에 음력으로 법인절을 삼았다가 양력으로 환산하여 매년 8월 21일에 기념합니다. 법인절은 원불교가 새 종교로서 법계의 인증을 얻은 것을 기념하여 경축함과 동시에, 원불교의 창립 정신, 곧 중생제도사업에 몸과 마음을 다 바쳐 봉공한다는 정신을 반조하는 날로서의 의의를 지닙니다.

· 육일대재(六一大齋. 6월 1일)

6월 1일은 소태산의 열반기념일이며, 이날을 기념하여 원불교에서는 소태산 대종사와 역대 선조 및 일체 부모와 모든 생령에게 합동향례를 올립니다. 대재란 소태산을 비롯한 원불교의 모든 조상과 삼세의 모든 성현 및 일체 생령을 길이 추모하며, 추원보본(追遠報本)의 예를 실행하는 것으로, 대재 때에는 소태산을 비롯한 역대 선령열위(先靈列位)를 영모전에 공동 향례하여 모든 교도가 마음을 합하고 정성을 바치며, 위의를 갖추어서 법계향화(法系香火)가 한없는 세월에 길이 유전되기를 기원합니다.

· 명절대재(名節大齋. 12월 1일)

명절대재는 한 해의 마지막 달인 12월에 한 해를 무사히 잘 지낼 수 있도록 호념하신 조상의 은덕을 기리는 향례입니다. 서양의 추수감사절과 비슷한 의미를 지닙니다. 이는 곧 추원보본(追遠報本)의 예를 실행하는 것으로, 대재 때에는 소태산을 비롯한 역대 선령열위(先靈列位)를 영모전에 공동 향례하여 모든 교도가 마음을 합하고 정성을 바치며, 위의를 갖추어서 삼세 제불제성 그리고 교단의 선진을 추모하는 마음으로 올리는 향불을 한없는 세월에 길이 전하자는 것입니다.

4. 경문과 주문

· 경문(經文)

일원상 서원문(一圓相誓願文)

일원상 서원문은 소태산 대종사께서 깨치신 일원의 진리를 모든 사람이 함께 깨치고 일상생활에 활용하여 마침내 법신불 일원상과 내가 하나가 되도록 법신불 전에 간절히 서원을 올리는 경문(經文)입니다. 원기 23년(1938) 소태산 대종사께서 직접 지은 경문으로써 306자의 짧은 경이지만 일원상의 진리·사은·삼학·인과의 이치 등 원불교의 기본 교리가 요약되어 있습니다.

원불교인은 참다운 수행의 힘을 얻기 위하여 일원상 서원문을 아침, 저녁 또는 하루에도 몇 번씩 외우고 있으며 각종 의식 행사 때 독경문으로 사용하고 있습니다. 일원상 서원문은 소태산 대종사께서 모든 중생을 낙원으로 인도하시려는 서원이며 우리 자신이 법신불 사은 전에 올리는 서원입니다.

일원은 언어도단의 입정처이요 유무초월의 생사문인 바 천지부모 동포 법률의 본원이요. 제불 조사 범부 중생의 성품으로 능이성 유상하고 능이성 무상하여 유상으로 보면 상주불멸로 여여자연하여 무량세계를 전개하였고 무상으로 보면 우주의 성주괴공과 만물의 생로병사와 사생의 심신작용을 따라 육도로 변화를 시켜 혹은 진급으로 혹은 강급으로 혹은 은생어해로 혹은 해생어은으로 이와 같이 무량세계를 전개하였나니 우리 어리석은 중생은 이 법신불 일원상을 체 받아서 심신을 원만하게 수호하는 공부를 하며 또는 사리를 원만하게 아는 공부를 하며 또는 심신을 원만하게 사용하는 공부를 지성으로 하여 진급이 되고 은혜는 입을지언정 강급이 되고 해독은 입지 아니하기로써 일원의 위력을 얻도록 까지 서원하고 일원의 체성에 합하도록 까지 서원함.

반야심경(般若心經)

반야심경은 반야바라밀다심경의 약칭이며 불교사상의 진수가 되는 공(空)사상을 간결하게 표현한 경전으로 전문 260자로 되어있습니다. 현재 원불교에서는 법회 때나 기도, 천도재 등 각종 의식 때 독송합니다. 불교에서 공(空) 도리를 밝힌 경전을 반야계 경전(600부)이라고 합니다. 반야심경은 이 반야계 경전의 요지가 집약된 경전으로 불교 팔만대장경의 진수가 담겨 있습니다.

반야심경은 부처님께서 깨달은 진리의 내용을 가장 간결하게 표현한 경전이기 때문에 일심으로 원력을 모아 독송하면 불가사의한 진리의 위력을 얻을 수 있습니다.

관자재보살 행심반야바라밀다시 조견오온개공 도일체고액 사리자 색불이공 공불이색 색즉시공 공즉시색 수상행식 역부여시 사리자 시제법공상 불생불멸 불구부정 불증불감 시고공중 무색 무수상행식 무안이비설신의 무색성향미촉법 무안계 내지 무의식계 무무명 역무무명진 내지무노사 역무노사진 무고집멸도 무지역무득 이무소득고 보리살타 의반야바라밀다고 심무과애 무과애고 무유공포 원리전도몽상 구경열반 삼세제불 의반야바라밀다고 득아뇩다라삼먁삼보리 고지반야바라밀다 시대신주 시대명주 시무상주 시무등등주 능제일체고 진실불허 고설반야바라밀다주 즉설주왈 아제아제 바라아제 바라승아제 모제사바하

觀自在菩薩 行深般若波羅蜜多時 照見五蘊皆空 度一切苦厄 舍利子 色不異空 空不異色 色卽是空 空卽是色 受想行識 亦復如是 舍利子 是諸法空相 不生不滅 不垢不淨 不增不減 是故空中 無色無受想行識 無眼耳鼻舌身意 無色聲香味觸法 無眼界 乃至 無意識界 無無明 亦無無明盡 乃至無老死 亦無老死盡 無苦集滅道 無智亦無得 以無所得故 菩提薩埵 依般若波羅蜜多故 心無罣碍 無罣碍故 無有恐怖 遠離顚倒夢想 究竟涅槃 三世諸佛 依般若波羅蜜多故 得阿耨多羅三藐三菩提 故知般若波羅蜜多 是大神呪 是大明呪 是無上呪 是無等等呪 能除一切苦 眞實不虛 故說般若波羅蜜多呪 卽說呪曰 揭諦揭諦 波羅揭諦 波羅僧揭諦 菩提薩婆訶.

금강경(金剛經)

금강경은 금강반야바라밀경의 준말로 불교의 대표적인 경전 중의 하나입니다. 대종사께서 이 경을 보고 석가모니 부처님을 성인 중의 성인으로 알아보고 연원불로 정했으며, 천도 의식 때 독송하고 있습니다.

여시아문 일시 불재사위국기수급고독원 여대비구중천이백오십인구 이시 세존 식시 착의지발 입사위대성 걸식 어기성중 차제걸이 환지본처 반식흘 수의발 세족이 부좌이좌시 장로수보리 재대중중 즉종좌기 편단우견 우슬착지 합장공경 이백불언 희유세존 여래 선호념제보살 선부촉제보살 세존선남자선녀인 발아뇩다라 삼먁삼보리심 응운하주 운하항복기심 불언 선재선재 수보리 여여소설 여래선호념제보살 선부촉제보살 여금제청 당위여설 선남자선녀인 발아뇩다라 삼먁삼보리심 응여시주 여시항복기심 유연세존 원요욕문 불고수보리 제보살마하살 응여시항복기심 소유일체중생 지류 약란생 약태생 약습생 약화생 약유색 약무색 약유상 약무상 약비유상비무상 아개영입무여열반 이멸도지 여시멸도 무량무수무변중생 실무중생득멸도자 하이고 수보리 약보살유아상 인상 중생상 수자상 즉비보살 부차수보리 보살어법 응무소주 행어보시 소위 부주색보시 부주성향미촉법보시 수보리 보살응여시보시 부주어상 하이고 약보살 부주상보시 기복덕 불가사량 수보리 어의운하 동방허공 가사량부 불야 세존 수보리 남서북방사유상하허공 가사량부 불야 세존 수보리 보살 무주상보시복덕 역부여시 불가사량 수보리 보살 단응여소교주 수보리 어의운하 가이신상 견여래부 불야 세존 불가이신상 득견여래 하이고 여래소설신상 즉비신상 불고 수보리 범소유상 개시허망 약견제상 비상 즉견여래.

如是我聞하사오니 一時에 佛이 在舍衛國祇樹給孤獨園하사 與大比丘衆千二百五十人으로 俱러시니 爾時에 世尊이 食時에 着依持鉢하시고 入舍衛大城하사 乞食하실새 於其城中에 次第乞已하시고 還至本處하사 飯食訖하시고 收依鉢하시고 洗足已하시고 敷座而坐러시다. 時에 長老須菩提 在大衆中하사 卽從座起하사 偏袒右肩하시며 右膝着地하시고 合掌恭敬하사 而白佛言하사대 希有世尊이시여 如來 善護念諸菩薩하시며 善付囑諸菩薩하시나니 世尊이시여 善男子善女人이 發阿耨多羅三藐三菩提心한 이는 應云何住며 云何降服其心하리이꼬 佛言하사대 善哉善哉라 須菩提야 如汝所說하야 如來 善護念諸菩薩하며 善付囑諸菩薩하나니 汝今諦聽하라 當爲汝說하리라 善男子善女人이 發阿耨多羅三藐三菩提心한 이는 應如是住하며 如是降伏其心이니라 唯然世尊이시여 願樂欲聞하나이다. 佛이 告須菩提하사대 諸菩薩摩訶薩이 應如是降服其心하나니 所有一切衆生之類에 若卵生과 若胎生과 若濕生과 若化生과 若有色과 若無色과 若有想과 若無想과 若非有想非無想을 我皆令入無餘涅槃하야 而滅度之하리라 如是滅度無量無數無邊衆生호대 實無衆生得滅度者니 何以故오 須菩提야 若菩薩이 有我相人相衆生相壽者相하면 卽非菩薩이니라. 復次須菩提야 菩薩은 於法에 應無所住하야 行於布施니 所謂不住色布施며 不住聲香味觸法布施니라

須菩提야 菩薩이 應如是布施하야 不住於相이니 何以故오 若菩薩이 不住相布施하면 其福德을 不可思量이니라 須菩提야 於意云何오 東方虛空을 可思量不아 不也니이다 世尊이시여 須菩提야 南西北方 四維上下 虛空을 可思量不아 不也니이다 世尊이시여 須菩提야 菩薩의 無住相布施하는 福德도 亦復如是하야 不可思量이니라 須菩提야 菩薩이 但應如所教住니라. 須菩提야 於意云何오 可以身相으로 見如來不아 不也니이다 世尊이시여 不可以身相으로 得見如來니 何以故오 如來所說身相은 卽非身相이니이다 佛이 告須菩提하사대 凡所有相이 皆是虛妄이니 若見諸相이 非相하면 卽見如來니라.

휴휴암좌선문(休休庵坐禪文)

중국 원나라 몽산(蒙山) 덕이 화상(德異和尙)이 지은 것으로, 동정간에 선하는 법을 좌와 선으로 구별하여 자세히 설명하고 있습니다. 원불교에서는 새벽 좌선 후 주로 독송하고 있습니다.

부좌선자는 수달호지선하야 당자성성이니 절단사상호대 불락혼침을 위지좌요 재욕무욕하고 거진출진을 위지선이며 외불방입하고 내불방출을 위지좌요 무착무의하야 상광현전을 위지선이며 외감부동하고 중적불요를 위지좌요 회광반조하야 철법근원을 위지선이며 불위역순뇌하고 무위성색전을 위지좌요 촉유즉명유일월하고 화물즉덕승건곤을 위지선이며 어유차별경에 입무차별정을 위지좌요 어무차별경에 시유차별지를 위지선이니 합이언지컨댄

치연작용이나 정체여여를 위지좌요 종횡득묘하야 사사무애를 위지선이니 약언여시나 상건인댄 비지묵능궁이라 나가대정은 무정무동하고 진여묘체는 불생불멸이라 시지불견하고 청지불문하며 공이불공하고 유이비유라 대포무외하고 세입무내하며 신통지혜와 광명수량과 대기대용이 무진무궁하나니 유지지사는 의선참구하야 이대오위칙하면 하지일성후에 허다영묘 개자구족하리니 기동사마외도 이전수로 위사좌하고 이유소득으로 위구경자재아.

夫坐禪者는 須達乎至善하야 當自惺惺이니 截斷思想호대 不落昏沈을 謂之坐요 在欲無欲하고 居塵出塵을 謂之禪이며 外不放入하고 內不放出을 謂之坐요 無着無依하야 常光現前을 謂之禪이며 外撼不動하고 中寂不搖를 謂之坐요 廻光返照하야 徹法根源을 謂之禪이며 不爲逆順惱하고 無爲聲色轉을 謂之坐요 燭幽則明逾日月하고 化物則德勝乾坤을 謂之禪이며 於有差別境에 入無差別定을 謂之坐요 於無差別境에 示有差別智를 謂之禪이니 合而言之컨댄 熾然作用이나 正體如如를 謂之坐요 縱橫得妙하야 事事無碍를 謂之禪이니 略言如是나 詳擧인댄 非紙墨能窮이라 那伽大定은 無靜無動하고 眞如妙體는 不生不滅이라 視之不見하고 聽之不聞하며 空而不空하고 有而非有라 大包無外하고 細入無內하며 神通智慧와 光明壽量과 大機大用이 無盡無窮하나니 有志之士는 宜善參究하야 以大悟爲則하면 囫地一聲後에 許多靈妙皆自具足하리니 豈同邪魔外道 - 以傳授로 爲師佐하고 以有所得으로 爲究竟者哉아.

참회문

원불교 '정전' 수행편 제8장 참회문 일부입니다. 죄업을 뉘우치고 참회할 때, 영혼을 천도할 때 읽는 경문이며 죄복 인과의 원리, 참회의 방법과 결과, 주의사항 등이 쉬운 설명과 비유로 밝혀져 있습니다.

음양 상승(陰陽相勝)의 도를 따라 선행자는 후일에 상생(相生)의 과보를 받고 악행자는 후일에 상극(相克)의 과보를 받는 것이 호리도 틀림이 없으되, 영원히 참회 개과하는 사람은 능히 상생 상극의 업력을 벗어나서 죄복을 자유로 할 수 있나니, 그러므로 제불 조사가 이구동음으로 참회문을 열어 놓으셨나니라.

대범, 참회라 하는 것은 옛 생활을 버리고 새 생활을 개척하는 초보이며, 악도를 놓고 선도에 들어오는 초문이라, 사람이 과거의 잘못을 참회하여 날로 선도를 행한즉 구업(舊業)은 점점 사라지고 신업은 다시 짓지 아니하여 선도는 날로 가까워지고 악도는 스스로 멀어지나니라. 그러므로, 경에 이르시되 "전심 작악(前心作惡)은 구름이 해를 가린 것과 같고 후심 기선(後心起善)은 밝은 불이 어둠을 파함과 같나니라." 하시었나니, 죄는 본래 마음으로부터 일어난 것이라 마음이 멸함을 따라 반드시 없어질 것이며, 업은 본래 무명(無明)인지라 자성의 혜광을 따라 반드시 없어지나니, 죄고에 신음하는 사람들이여! 어찌 이 문에 들지 아니하리요.

그러나, 죄업의 근본은 탐·진·치(貪嗔痴)라 아무리 참회를 한다 할지라도 후일에 또다시 악을 범하고 보면 죄도 또한 멸할

날이 없으며, 또는 악도에 떨어질 중죄를 지은 사람이 일시적 참회로써 약간의 복을 짓는다 할지라도 원래의 탐·진·치를 그대로 두고 보면 복은 복대로 받고 죄는 죄대로 남아 있게 되나니, 비하건대 큰 솥 가운데 끓는 물을 냉(冷)하게 만들고자 하는 사람이 위에다가 약간의 냉수만 갖다 붓고, 밑에서 타는 불을 그대로 둔즉 불의 힘은 강하고 냉수의 힘은 약하여 어느 때든지 그 물이 냉해지지 아니 함과 같나니라.

세상에 전과(前過)를 뉘우치는 사람은 많으나 후과를 범하지 않는 사람은 적으며, 일시적 참회심으로써 한두 가지의 복을 짓는 사람은 있으나 심중의 탐·진·치는 그대로 두나니 어찌 죄업이 청정하기를 바라리요.

참회의 방법은 두 가지가 있으니, 하나는 사참(事懺)이요 하나는 이참(理懺)이라, 사참이라 함은 성심으로 삼보(三寶) 전에 죄과를 뉘우치며 날로 모든 선을 행함을 이름이요, 이참이라 함은 원래에 죄성(罪性)이 공한 자리를 깨쳐 안으로 모든 번뇌 망상을 제거해 감을 이름이니 사람이 영원히 죄악을 벗어나고자 할진대 마땅히 이를 쌍수하여 밖으로 모든 선업을 계속 수행하는 동시에 안으로 자신의 탐·진·치를 제거할지니라. 이같이 한즉, 저 솥 가운데 끓는 물을 냉하게 만들고자 하는 사람이 위에다가 냉수도 많이 붓고 밑에서 타는 불도 꺼버림과 같아서 아무리 백천 겁에 쌓이고 쌓인 죄업일지라도 곧 청정해 지나니라.

또는, 공부인이 성심으로 참회 수도하여 적적 성성한 자성불을 깨쳐 마음의 자유를 얻고 보면, 천업(天業)을 임의로 하고 생사를 자유로 하여 취할 것도 없고 버릴 것도 없고 미워할 것도 없고 사랑할 것도 없어서, 삼계 육도(三界六途)가 평등 일미요, 동정 역순이 무비 삼매(無非三昧)라, 이러한 사람은 천만 죄고가 더운 물에 얼음 녹듯하여 고도 고가 아니요, 죄도 죄가 아니며, 항상 자성의 혜광이 발하여 진대지가 이 도량이요, 진대지가 이 정토라 내 외 중간에 털끝만한 죄상(罪相)도 찾아볼 수 없나니, 이것이 이른바 불조의 참회요, 대승의 참회라 이 지경에 이르러야 가히 죄업을 마쳤다 하리라.

· 주문(呪文)

원불교에서 주문은 주술적인 의미보다 일심청정과 진리에 대한 귀의를 목적으로 합니다. 주문은 신비한 힘을 가지고 있어서 낱낱이 해석하지 않고 조건 없이 일심으로 외우는 데 의미를 둡니다. 그 뜻이 매우 깊어서 이를 번역하면 작은 뜻을 얻고 큰 뜻을 잃기 쉽기 때문입니다.

원불교 주문에는 성주(聖呪), 영주(靈呪), 청정주(淸淨呪)가 있습니다. 성주는 열반인을 위하여, 영주는 생존인의 소원 성취를 위하여, 청정주는 재액(災厄)이나 원진(寃瞋)을 소멸하는 데 사용합니다.

성주(聖呪)

성주는 영혼 천도를 위한 성스럽고 불가사의한 주문입니다.

성주를 풀이하면 "영원한 천지와 더불어 영원한 생명을 길이 보전하고, 영원한 세상에 열반을 얻어 항상 홀로 드러나며, 세세생생 거래 간에 도를 깨쳐 다함이 없는 보리화를 피워서, 걸음걸음이 모두 다 대성현의 경전이로다"란 뜻입니다.

성주는 열반인의 천도를 위해서 뿐만이 아니라 자신의 천도를 위한 해탈공부의 표준도 됩니다. 따라서 열반인을 위해 간절히 독송함과 동시에 스스로 이와 같은 경지에 도달하도록 서원하고 정진해야 합니다.

영천영지영보장생	永天永地永保長生
만세멸도상독로	萬歲滅度常獨露
거래각도무궁화	去來覺道無窮花
보보일체대성경	步步一切大聖經

영주(靈呪)

영주란 정신을 통일하여 천지의 기운과 나의 기운이 하나가 되도록 염원하는 주문으로 신령스러운 힘을 가지고 있는 주문이란 뜻의 이름입니다.

영주는 주로 기도시간에 외우는데 마음이 어지러울 때, 번뇌망상이 끓어오를 때, 잠자기 전 잠이 잘 오지 않을 때 외우면 효과가 좋습니다. 보통 때에도 이 영주를 외우면 정신수양에 큰 힘을 얻게 됩니다.

영주를 풀이하면 "천지의 신령한 기운이 내 마음에 어리니, 모든 일이 내 뜻과 같아 하나로 통하고, 천지와 내가 한 몸 되며, 나와 천지가 한 맘 되어 바르더라."라는 뜻입니다.

천지영기아심정 天地靈氣我心定
만사여의아심통 萬事如意我心通
천지여아동일체 天地與我同一體
아여천지동심정 我與天地同心正

청정주(清淨呪)

청정주는 일체의 재액을 면하고 원한을 풀며 죄업에 물든 마음을 청정히 하기 위하여 외우는 주문입니다.

청정주를 풀이하면 "법신불은 청정하여 본래 걸림이 없으니 나 또한 회광반조하여 도를 이루고 보니 이와 같네. 태초에 만물을 살리는 기운이 둥글게 뭉쳤으니, 삿된 마귀와 지옥중생이 자연히 소멸되는구나."란 뜻입니다.

법신청정본무애 法身清淨本無碍
아득회광역부여 我得迴光亦復如
태화원기성일단 太和元氣成一團
사마악취자소멸 邪魔惡趣自消滅

참회게(懺悔偈)

참회게는 참회문의 뜻을 요약한 게송으로 참회문을 대신하여 독송하기도 합니다. 앞의 4구는 사참게(事懺偈)라 하고 뒤의 4구는 이참게(理懺偈)라 합니다.

사참게를 풀이하면 "지난날 내가 지은바 모든 악업은 모두가 다 욕심, 성냄, 어리석은 마음에서 비롯된 것으로 신·구·의 삼업을 따라 지은 것이니, 내가 지은 모든 죄업을 다 참회한다."란 뜻입니다.

이참게를 풀이하면 "자성에는 본래 죄가 없으나 마음을 따라 일어나는 것이니, 만약 그 마음이 멸하면 죄도 또한 공한 것이며, 죄도 없고 마음도 없으면 이 모두가 함께 텅 비게 되니, 이것이 곧 참다운 참회이다."라는 뜻입니다.

이 참회게를 꾸준히 암송하면 죄업이 녹아나고 마음이 청정해집니다.

아석소조제악업 我昔所造諸惡業
개유무시탐진치 皆有無始貪瞋痴
종신구의지소생 從身口意之所生
일체아금개참회 一切我今皆懺悔
죄무자성종심기 罪無自性從心起
심약멸시죄역망 心若滅時罪亦亡
죄망심멸양구공 罪亡心滅兩俱空
시즉명위진참회 是卽名爲眞懺悔

염불(念佛)

염불은 아미타 부처님께 귀의한다는 뜻으로 주로 좌선을 하기 전이나 마음을 집중시킬 때에 외웁니다. '나무아미타불'이라는 문구에 집중하여 염불을 외우다 보면 다른 잡념이 사라지고 '나무아미타불'이라는 문구만 남게 되고, 더 나아가 그 문구도 사라지는 염불삼매에 들 수 있습니다.

나무아미타불 南無阿彌陀佛

5. 원불교 성지

· 영산성지

영산성지(靈山聖地)는 소태산 대종사가 탄생하여 구도와 고행을 통해 진리를 깨닫고 교화를 시작한 원불교의 발상지로, 전라남도 영광군 백수읍 길룡리를 중심으로 한 지역을 말합니다.

영광은 본래 마한 땅으로 백제 때는 무시이군(武尸伊郡)이라 하다가 고려에 들어와 영광(靈光) 또는 정주(靜州)라 하였습니다. 백수(白岫)라는 지명은 백(百)에서 일(一)을 떼어버린 아흔아홉의 멧부리를 뜻합니다.

지명이 말해주듯 백수는 구수산(九岫山)의 많은 산봉우리가 어우러져 이루어진 해안지역입니다. 길룡리는 법성포에서 서해의 바닷물이 구수산과 대덕산 사이로 와탄천을 따라 도는 산기슭에 자리 잡은 여러 마을로 이루어졌습니다.

영산성지에는 소태산 대종사의 탄생, 구도와 깨달음, 새 회상 창립

소태산 대종사 탄생가

의 역사가 함께하고 있으며, 영산성지뿐만이 아니라 영광지역 전체가 창립의 역사가 스며있는 성지라 할 수 있습니다.

소태산 대종사 탄생가

1891년 5월 5일, 소태산 대종사가 탄생한 영촌마을에 있는 집으로 구호마을로 이사할 때까지 유년시절을 보낸 집입니다. 우주와 인간의 근원에 관한 의심을 품고 의심을 풀어줄 산신령을 만나기 위해 한결같이 삼밭재에 오르내리던 집입니다. 원기 66년 복원하였습니다.

삼밭재 마당바위

소태산 대종사가 11세부터 15세까지 5년 동안 산신령을 만나기 위해 오르내리며 기도를 올린 곳으로 구수산 삼밭재에 널찍한 바위가 있는 기도터입니다. 순례인들을 위한 '삼밭재 기도실'이 있으며 바로 옆에는 소태산 대종사가 기도당시 사용했던 우물이 있습니다.

소태산 대종사 구호마을 집터

소태산 대종사의 부친이 영촌마을에서 이웃 구호마을로 이사했으며, 소태산 대종사가 의심을 풀어줄 도사를 만나기 위해 구도역정을 한 곳입니다. 이곳에서 십타원 양하운과 결혼했으며, 부친의 열반으로 슬픔을 겪기도 하였습니다.

소태산 대종사 귀영바위 집터

소태산 대종사가 자주 입정에 들던 21~23세를 전후해 거주했던 곳이며, 가족의 생계를 위해 경제활동을 했던 곳입니다. 구도의 열정이 사무쳐 자주 입정에 들었던 시기로 인근에는 당시 입정에 들었던 귀영바위 굴이 있습니다.

소태산 대종사 대각터

원기 원년(1916) 4월 28일 이른 새벽, 소태산 대종사께서 진리를 깨달은 곳으로 원불교 제1의 성적지입니다. 지형이 엎드린 노루의 목과 같다고 하여 노루목[獐項]이라 부릅니다. 원기 56년에 소태산 대종사의 대각과 새 회상 개교를 기리기 위해 '만고일월(萬古日月)'비를 세웠습니다. 원기 100년을 맞아 대각터 주변을 재정비하여 중앙에는 대각탑을 새로 조성하고 만고일원비는 조금좌측으로 이동하여 장엄하였습니다. 주위에는 소태산 대종사가 사용했던 샘터가 있습니다.

소태산 대종사 선진포 입정터

소태산 대종사가 25세 되던 해 법성에서 열리는 장에 가기 위해 선진포 나루터에서 배를 기다리다가 입정에 들어 한나절 동안 서 있던 곳입니다. 이 무렵부터 먹고 자는 일마저 잊어버리고 수시로 입정에 드는 경우가 많았습니다.

소태산 대종사 최초법어터

소태산 대종사가 깨달음을 얻은 후 모여든 사람들에게 최초법문인 수신의 요법, 제가의 요법, 강자 약자 진화상의 요법, 지도인으로서 준비할 요법 등 인류가 행해야 할 4가지 법문을 설한 곳으로 소실되어 빈터만 남아 있습니다.

영산 정관평

원기 3년부터 만 1년간 갯벌을 막아 3만여 평의 농지로 만든 간척답입니다. 허례 폐지와 금주 단연 등 저축조합운동을 통해 만든 기금으로 방언공사를 한 결과물입니다. 방언공사를 마친 후 기념하기 위해 옥녀봉 중턱 바위에 시멘트를 바르고 간척공사 기간과 설시원의 이름을 새긴 '제명바위'가 있습니다. 원기 40년대에 정산 송규 종사에 의해 2차 방언공사가 이루어졌습니다.

구간도실터

원기 3년 정관평 방언공사가 진행될 당시 원불교 최초 교당으로 건축한 구간도실이 있던 곳입니다. 각종 모임, 방언공사 현장사무소 등으로 사용하였으며 9인 제자들이 법인기도 당시 백지혈인(白指血

印)의 이적을 보인 곳입니다. 원기 8년에 건물을 범현동으로 이전하였습니다.

법인 기도봉

원기 4년 (음) 3월 26일부터 소태산 대종사를 모시고 9인 제자들이 법계의 인증을 받기 위해 사무여한의 정신으로 기도 올린 구수산과 대덕산의 봉우리입니다. 기도 시작 당시는 중앙봉, 촛대봉, 대파리봉, 공동묘지봉, 장다리봉, 밤나무골봉, 설래바위봉, 옥녀봉, 마촌앞산봉에서 기도했으나 촛대봉과 마촌앞산봉이 와탄천을 건너야 하는 위험이 있어 눈썹바위봉과 상여바위봉으로 옮겨 기도하였습니다.

영산원

원기 8년 구간도실 건물을 현 위치로 옮기고 영산원(靈山院)이라 불렀습니다. 구간도실이 있던 곳이 습지라 주거가 어렵고 사람들의 내왕이 불편하다는 의견을 수렴하여 현 장소로 옮겼던 것입니다. 교단 초기의 영산성지 수호관리 및 교화의 중심 역할을 담당하였습니다.

영산성지 대각전

영산성지의 중심 건물입니다. 영산지역 교도들의 영산원과 학원실에서 법회를 보아오다가 교도수의 증가로 장소가 협소하여 원기 21년에 대각전을 건축하자 소태산 대종사께서 1개월여 동안 영산에 머물며 감독하여 완공하고 일원상을 봉안하였습니다. 원기 96년에 근대문화유산 등록문화재 제481호로 등재되었습니다.

변산성지 석두암 터

영산성지 영모전

원기 66년 영산성지 장엄사업의 일환으로 건축한 영모전(永慕殿)은 건물 안에 불단을 조성하여 소태산 대종사 이하 역대 선진 열위의 법은(法恩)을 추모하기 위해 합동 위패를 모셨습니다. 매년 6월 1일 '육일대재'와 12월 1일 '명절대재'를 기해 합동으로 향례를 올립니다.

· 변산성지

변산성지(邊山聖地)는 전라북도 부안군 변산면 중계리 내변산에 위치한 제법성지(制法聖地)입니다.

소태산 대종사께서 원기 4년 법인성사 후 정산 종사를 월명암으로 보내고 전라북도 김제 금산사를 거쳐 그해 (음)10월에 변산으로 입산하였습니다. 소태산 대종사는 변산 봉래정사에서 5년여를 머무르며 교법제정과 새 회상 공개를 준비하였습니다.

소태산 대종사께서는 원기 9년 익산총부를 건설할 때까지 제자들과 함께 봉래정사에 머무르며 원기 5년 새 회상의 교강(敎綱)인 사은 사요와 삼학 팔조를 발표하였으며, 원불교 초기교서인 『조선불교혁신론』과 『수양연구요론』을 초안하였습니다.

변산성지는 익산 중앙총부 건설 당시 중요한 역할을 담당했던 서중안·서동풍 형제를 비롯한 초기교단의 창립 인연들 다수를 만난 곳입니다. 익산 중앙총부가 건설되면서 소태산 대종사가 봉래정사를 떠나자 이춘풍 등 제자들이 수호하였습니다.

원기 33년에 오창건의 발기로 석두암을 중수하였으나 원기 35년경 공비(共匪) 소탕 작전 중 소실되어 현재는 터만 남아 있습니다. 원기 63년에 인근 '원광선원'을 인수한 후 '변산제법성지사업회'가 발족되어 원기 65년 봉래정사 석두암 터에 교강 선포 60주년을 기념하여 '일원대도(一圓大道)'비를 건립하였습니다.

봉래정사

봉래정사(蓬萊精舍)는 '일원대도'비가 있는 곳에 있었던 석두암(石頭庵)과 아래에 위치했던 실상초당(實相草堂)을 통칭해 부르는 이름입니다.

실상초당 터

원기 4년 소태산 대종사가 부안 변산으로 들어와 이듬해 마련하여 제자들과 함께 사용한 집입니다. 이집을 실상초당 또는 실상초옥이라 부릅니다. 소태산 대종사는 원기 5년 이곳에서 교리의 강령인 사은사요와 삼학팔조를 제정 발표하였으며, 『조선불교혁신론』과 『수양연구요론』을 차례로 초안하였습니다.

석두암 터

원기 6년 소태산 대종사께서는 찾아오는 제자들을 실상초당에서 다 수용하지 못하였습니다. 이때 백학명·한만허 스님의 후원으로 실상초당 바로 위쪽에 제자들과 함께 초가삼간을 지어 '석두암'이라 불렀습니다. 소태산 대종사는 이곳에서 창립 인연들을 만나 새 회상 공개를 준비하였습니다.

변산 월명암

원기 4년 영산에서 법인성사 후 정산 종사가 소태산 대종사의 명을 받고 월명암 주지였던 백학명 스님의 상좌로 약 2년여간 머문 암자입니다.

변산 원광선원

원기 63년 변산성지의 수호를 위해 개인 사찰을 인수해 성지수호와 순례인들의 편의를 제공하고 교도들의 훈련을 담당하는 훈련기관입니다. 뒤뜰에는 중앙총부 현 정산 종사 성탑 조성 이전의 구 성탑을 이곳으로 이전하고 '정산 종사 추모탑'이라 불렀습니다.

익산성지 중앙총부 정문

· 익산성지

익산성지(益山聖地)는 전라북도 익산시 신룡동에 위치한 전법성지(傳法聖地)로 원불교 중앙총부가 있습니다.

원기 8년 (음) 6월에 김제에 사는 서중안이 변산 봉래정사를 찾아 소태산 대종사께 "교통과 장소가 편리한 곳을 택하여 모든 사람의 앞길을 널리 열어주심이 시대의 급선무일까 하나이다." 하며 하산을 지성으로 간청하였습니다.

원기 9년 전주 완산동 전음광의 집에서 7인이 발기인이 되어 불법연구회 창립준비를 논의하고, 6월 1일(음 4.29)에 이리 보광사에서

‘불법연구회’ 창립총회를 열어 총재에 소태산 대종사를 추대하고, 회장에 서중안을 선출한 후 회상을 내외에 공개하였습니다. 그해 말 총부 건설이 시작되면서부터 전무출신의 주경야독 공동체 생활이 시작되었습니다.

익산성지는 소태산 대종사께서 19년간 교화경륜을 펴고 열반한 곳으로 소태산 대종사와 총부 건설 당시 선진들의 역사가 숨 쉬는 곳입니다.

익산성지에는 초기교단의 역사적 발자취 이외에도 원불교 중앙총부로서 교단을 주재(主宰)하는 종법사를 비롯하여 최고 의결기구인 수위단회, 중앙 집행기관인 교정원, 감찰기관인 감찰원, 의결기구인 중앙교의회 등 원불교의 교화·행정·교육·문화·언론·복지·산업의 중심기관이 자리하고 있어 교단의 심장부라 할 수 있습니다.

익산성지 대각전

원기 20년 초에 건축하여 대각전 전면 중앙에 신앙의 대상과 수행의 표본인 일원상을 최초로 정식 봉안하였으며, 소태산 대종사가 공식석상의 최후법문을 설하였고, 정산 종사와 대산 종사의 종법사 취임식이 이곳에서 행해졌습니다. 대각전은 익산성지의 중심 건물입니다.

청하원

구타원 이공주·묵산 박창기 모자가 전무출신 한 후 원기 19년에 사가로 지었습니다. 그 후 이리경찰서에서 원기 21년 9월 불법연구회와 소태산 대종사를 감시하기 위하여 북일주재소를 이곳에 설치하고 경찰을 배치하여 감시와 탄압을 하였습니다. 청하원(淸河院)이라 함은 이공주의 아호인 청하(淸河)에서 연유하였습니다.

구정원

교도인 신영기가 원기 20년에 집을 지어 수도 생활을 하다가 이사하며 총부에 희사하였습니다. 원기 22년부터 교정원 사무실로 사용하였다고 해서 '옛날 교정원'이라 했고 약칭 '구정원(舊政院)'이라 부릅니다.

정신원

원기 26년 팔타원 황정신행이 지은 사가 집으로 후에 총부에 희사하였습니다. 익산교당 창립 당시 임시 교당으로 사용하였으며, 교서 편수 기관인 정화사(正化社)의 사무실로도 사용되었습니다. 정신원(淨信院)이라 함은 황정신행의 이름에서 연유하였습니다.

본원실

원기 9년 총부건설 당시 최초로 지어진 건물로 '도치원(道治院)'이라 불렀습니다. (음)9월에 공사를 시작하여 그해 11월경에 완공하여 첫 사무소를 설치하고 서중안의 글씨로 '불법연구회(佛法硏究會)'란 이름을 기둥에 걸었습니다. 익산성지에서 최초로 지어진 집이라 하여 통칭 '본원실(本源室)'이라 부릅니다.

세탁부

원기 9년 총부 건설 당시 본원실과 함께 최초로 지어진 집입니다.

당시 간고(艱苦, 가난하고 고생스러움)한 생활의 방편으로 (음) 12월부터 엿 장사를 하였는데 이 집에서 엿 곱는 일을 하여 '엿집'이라 하였습니다. 원기 58년 중앙선원이 발족함에 따라 총부 내 세탁 업무를 담당하여 통칭 '세탁부'라 부르게 되었습니다.

금강원

원기 13년 소태산 대종사의 최초 조실을 3칸 기와집을 완공하여 입실하고 '금강원(金剛院)'이라 이름하였습니다. 원기 22년 5월경에 소태산 대종사는 거처를 영춘원으로 옮겼습니다. 그 후 원기 37년 이곳에 신룡양로원을 설치하여 운영하다가 이전하자 여자 원로들이 정양을 하였습니다. 원기 78년에 보수 복원하였습니다.

종법실

원기 13년 봄, 제1대 제1회 기념총회에 맞추어 준공하여 영춘헌(영춘원)이라 이름하고 사무실로 사용하며 예회와 기념례 등 다목적용으로 사용하였습니다. 원기 22년 5월경에 소태산 대종사가 영춘원으로 옮기어 원기 28년 열반할 때까지 조실로 사용하였고, 후계 종법사인 정산 종사도 이곳을 조실로 사용하다 열반하였습니다.

공회당

원기 14년에 건립하여 대중 집회장과 동·하선(冬夏禪)을 나는 선방으로 사용하며, 소태산 대종사께서 제자들의 교육, 훈련을 지도하여 교역자를 양성하였습니다. 원기 31년에는 원광대학교와 원광중학교의 전신인 유일학림이 이곳에서 개원되었고, 그 후 중앙선원, 상주

선원이 개원되었습니다. 대중의 모임 등을 위하여 지은 집이라 하여 공회당(公會堂)이라 하였습니다.

대종사 성탑과 성비

원기 28년 6월 1일, 소태산 대종사께서 열반에 들자 일경들의 탄압으로 북일면 공동묘지에 안장하였다가 원기 34년 중앙총부 송림에 성탑을 조성하여 탑 원석(圓石)에 성해(聖骸)를 봉안하고 '대종사 성탑(聖塔)'이라 하였습니다. 그 후 원기 38년 4월에 정산 종사가 지은 '원각성존소태산대종사비명병서(圓覺聖尊少太山大宗師碑銘竝序)'를 사면에 음각한 '대종사 성비(聖碑)'를 대종사 성탑 우측 아래에 세웠습니다.

정산 종사 성탑

원기 47년 정산 종사가 열반 후, 원기 56년 개교반백년기념사업 일환으로 '정산종사 성탑'을 영모전 서쪽에 봉안하였습니다. 그 후 원기 73년 현 위치에 다시 성탑을 조성하여 원석(圓石)에 성해(聖骸)를 봉안하였습니다.

대산 종사 성탑

원불교100년기념성업회에서 원기 99년 5월 25일, 대산 종사 탄생 100주년을 기념하며 건립하였습니다. 원기 98년 10월 17일 대산 종사 성해를 성탑 탑신부에 봉안하였으며, 대산 종사 성탑 기단부 전면에는 대산 종사의 게송인 '진리는 하나 세계도 하나 인류는 한 가족 세상은 한 일터 개척하자 하나의 세계'가 새겨졌습니다. 기단부 후면에는 좌산 상사가 지은 '대산종사성탑명병서'가 새겨졌습니다.

송대

원기 26년 가을, 소태산 대종사의 휴양과 정전 집필을 위해 '송대(松臺)'를 지었다고 구전으로 내려옵니다. 한때는 중환자들의 간병실 역할도 하였고, 교단 기관지인 『원광(圓光)』이 이곳에서 창간되었으며, 현재는 익산성지(중앙총부)의 기도실로 사용되고 있습니다.

익산성지 영모전

원기 56년에 개교반백년 기념사업의 일환으로 건축된 '영모전(永慕殿)'은 소태산 대종사 이하 역대 선영 열위의 위패를 봉안한 묘우로 개인 위패를 봉안하지 않고 공동 위패를 봉안하였습니다. 교단에서는 6월 1일 '육일대재'와 12월 1일 '명절대재'에 정기적으로 향례를 올리며, 교단의 중요 행사와 사업의 시종을 고하는 봉고의식을 올립니다.

원불교 역사박물관

소태산 대종사의 탄생 백주년을 맞이하여 '소태산 기념관'을 건립하였습니다. 그 후 정산 종사 탄생 백주년 기념사업의 일환으로 보수 및 증축공사를 하여 '원불교 역사박물관'으로 이름을 바꾸고 문화관광부에 1종 박물관으로 등록하였습니다. 원불교의 역사를 한 곳에서 볼 수 있는 곳입니다.

익산성지의 근대문화유산

원기 86(2001)년 문화재보호법 개정으로 인하여 원기 90년 문화재청 근대문화유산위원회에서 익산성지의 구조물 8건과 조형물 2건을 근대문화유산 등록문화재 제179호로 등재하였습니다. 지정 목록

만덕산 초선지

의 구조물은 대각전·청하원·구정원·정신원·본원실·금강원·종법실·공회당이며, 조형물은 대종사 성탑과 대종사 성비입니다.

· 만덕산성지

만덕산성지(萬德山聖地)는 전라북도 진안군 성수면 중길리 만덕산 남쪽 기슭 8부 능선에 있습니다.

원불교가 만덕산과 인연을 맺게 된 것은 원기 6년 변산 봉래정사에서 정산 종사가 소태산 대종사로부터 "어디든지 네 발걸음 내키는 대로 가보아라."라는 말씀을 받들고 길을 가던 중 만덕산 북쪽에 위치한 미륵사 주지를 만나 미륵사에서 겨울 한 철을 지내면서부터입니다.

정산 종사가 미륵사에서 화주인 최도화를 만난 후 정산 종사가 미륵사를 떠나고 없자, 최도화가 정산 종사를 찾아 봉래정사까지 왔다가 소태산 대종사의 제자가 되었습니다. 그 후 소태산 대종사가 만덕산 만덕암에서 최도화의 주선으로 원기 7년 말부터 3개월을 머물며 적공하였습니다.

소태산 대종사는 원기 9년 '불법연구회' 창립총회 후 만덕산을 다시 찾아 12명의 제자와 원기 9년 (음) 5월 한 달 동안 팔산 김광선의 주관으로 선(禪)을 났습니다. 이를 일러 원불교에서는 만덕산 초선회(初禪會)라 합니다. 만덕암은 소태산 대종사, 정산 종사, 대산 종사로 이어지는 원불교의 3대 주법(主法)이 최초로 만난 역사적인 곳입니다.

만덕산 초선 터

만덕산 초선 터(만덕암 터)는 만덕산 아래 좌포에 사는 김 승지(乘志)가 1910년경에 부종병으로 고생하는 며느리 이현공(대산 종사의 당숙모)을 위해 지어 준 3칸 기와집이 있던 곳으로 한국전쟁 때 소실되었습니다. 소태산 대종사가 만덕암에서 3개월을 적공하였고, 원기 9년에는 불법연구회 창립총회 후 12명의 제자와 한 달 동안 선(禪)을 났습니다.

대산 종사 탄생가

대산 김대거 종사가 탄생하고 유년시절을 보낸 곳이며, 원기 14년에 출가하여 원기 21년에 종부로 이사하였습니다. 원기 15년부터는 대산 종사의 조모인 현타원 노덕송옥이 이곳에서 교무를 초청하여 법회를 보기 시작해 좌포지역에 교화의 문을 열었습니다.

만덕산 미륵사

백제 때 지명 법사(知命法師)가 세운 암자로 전해지며, 옛적에는 금강암(金剛庵)이라 하였다고 합니다. 원기 6(1921)년 가을, 정산 종사가 변산 봉래정사에서 소태산 대종사의 뜻을 받들어 길을 가다가 미륵사 주지와 만나 미륵사에서 겨울을 지내다 이듬해 비단 장수하는 화주보살을 만났습니다. 그 화주보살이 원불교 전북 회상과 서울 회상의 총 연원이라 불리는 삼타원 최도화 선진입니다.

만덕산훈련원

원기 15년에 만덕산 임야 50정보를 구타원 이공주의 특지로 매입하여 성지수호와 산업생산·훈련도량으로 개발하였습니다. 원기 67년 전주교구훈련원이 개원되어 훈련기관으로 면모를 갖추기 시작하여 원기 89년 초선터 옆에 원불당(圓佛堂)을, 원기 94년에 만덕산훈련원 본관을 신축하여 만덕산 성지 순례의 편의와 훈련을 담당하고 있습니다.

· 성주성지

성주성지(星州聖地)는 경상북도 성주군 초전면 소성리에 위치해 있

성주성지 전경

습니다. 정산 종사 탄생가가 있는 구성마을, 성장지인 소야마을, 구도지인 박실마을이 소성리에 속해 있습니다.

정산 종사는 1900년 8월 28일(음 8.4) 경상북도 성주군 초전면 소성리 464번지에서 구산 송벽조 대희사와 준타원 이운외 대희사의 2남 1녀 중 장남으로 태어났습니다. 정산 종사 탄생가는 원기 79년 정산 종사가 탄생한 본채와 조부로부터 한학을 배우기 시작한 사랑채는 해체 복원하고 헛간은 개축하여 복원 준공식을 했습니다.

정산 종사가 탄생한 방에는 정산 종사와 주산 송도성 종사 형제의 진영을 모시고 있어 순례인들이 참배를 올리고 있습니다. 주산 종사는 정산 종사 8세에 이 탄생가에서 태어났습니다. 그리하여 원불교에서 법위가 대각여래위에 오른 2명의 종사가 태어난 집이 되었습니다. 정산 종사는 9세까지 탄생가에서 성장하였습니다.

그 후 200m쯤 떨어진 소야마을로 이사하여 구도하며 한학을 익혔으며, 13세에 결혼한 후 박실마을로 이사하여 본격적인 구도가 시작되었습니다. 정산 종사는 구도 중 여 처사(呂處士)를 만나보리라는 결심을 하고 가야산에 갔으나 만나지 못하고 전라도 쪽으로 가야 큰 스승을 만날 수 있다는 이야기를 들었습니다.

정산 종사는 전라도로 와서 정읍·김제·장성 등 여러 곳에 다니며 사찰과 신흥종교를 찾았으나 참 스승은 찾을 수 없어 전라북도 완주 모악산 대원사로 들어가 수도하다 정읍 북면 화해리에 사는 경타원 김해운의 집으로 자리를 옮기어 원기 3년 봄에 소태산 대종사와 만나 제자가 되었습니다.

원기 69년 박실마을 구도지 집터에 '소성구도지(韶成求道地)'비를 건립하였고, 원기 85년 정산 종사 탄생 백주년 성업봉찬 기념사업 일환으로 박실마을 구도지 입구에 '성주성지 대각전'과 구도지 집터에 기도실 '원불당(圓佛堂)'을 건립하였습니다.

· 정읍 화해 제우 터

정산 종사가 스승을 만나고자 전라도에 유력(遊歷, 여러 고장을 두루 돌아다님)하다가 김제 모악산 대원사에 머물러 구도(求道)하던 중 경타원 김해운을 만나게 되었습니다. 김해운은 자기 집인 정읍 북면 화해리로 정산 종사를 모시고 와 구도에 편의를 제공하며 만국(萬國)의 모든 일을 알고 할 수 있는 사람이라는 뜻에서 '만국양반'이라 불렀습니다.

원기 3년 (음) 3월 소태산 대종사가 팔산 김광선과 함께 김해운의 집을 방문하여 정산 종사와 '형제의(兄弟義)'를 맺었습니다. 그 후 (음)7월에 정산 종사가 영산을 찾아 소태산 대종사와 재회하여 화해리에서 맺었던 '형제의'를 '부자의(父子義)'로 고쳐 부자(사제)지간의 예를 올렸습니다.

소태산 대종사와 정산 종사의 만남을 기념하기 위하여 원기 71년 중앙문화원에서 '화해제우지(花海際遇地)'비를 정자나무 옆에 건립하였습니다.

· 고창 연화 삼매 터

소태산 대종사가 24세 되던 해, 팔산 김광선의 주선으로 전라북도 고창군 심원면 연화리에서 한약방을 하는 김준상의 초당을 빌려 수행 정진을 하였습니다. 당시 초당은 연화봉 중턱에 있었습니다.

소태산 대종사는 초당에서 3개월여 동안 불도 때지 않고, 잠이 오면 초당 아래 우물에 가서 목욕재계하는 등 한 마음으로 피나는 수행 정진하여 수양력을 얻었지만 해수병을 얻기도 하였습니다.

소태산 대종사가 정진했던 초당터를 기념하기 위하여 원기 69년에 중앙문화원에서 '연화삼매지(蓮華三昧地)'비를 건립하였습니다.

· 변산 하섬

하섬은 그 모양이 새우 허리처럼 굽었다 하여 새우 하(鰕)자를 써서 '하섬[鰕島]'이라 하였습니다. 그러나 원기 4년 말, 변산 쌍선봉에서 법인기도를 해제할 때 소태산 대종사와 정산 종사가 이 섬을 바라보며 "연못에 연잎이 떠 있는 것 같이 아름답다."고 하였던 것이 기연이 되어, 훗날 원불교에서 섬을 인수하면서 지금의 연잎 섬, 연꽃 섬이라 하는 '하섬[荷島]'이라 부르게 되었습니다.

하섬은 육지와의 거리가 1km 정도 되나 음력 1일과 15일을 전후해서 5일 정도씩 바닷물이 열리기 때문에 걸어서 들어갈 수 있습니다.

원기 46년 대산 종사가 이곳에서 '정전대의'를 초안하였고, 원기 47년부터는 교서 편수 기관인 '정화사(正化社)'에서 원불교 7종 교서를 편수하였습니다.

6. 원불교 역대 종법사

종법사는 원불교 교단의 최고 지도자, 또는 그에 대한 호칭. 가장 으뜸 되는 법사(스승)라는 뜻을 포함한 용어입니다. 원불교 종법사는 교조 소태산 대종사의 법통을 이어, 안으로 교단을 주재하며 밖으로 교단을 대표합니다. 또한, 교단의 조직에 있어서 최상위 의결기관인 수위단회의 의장, 최상위 교화단인 '수위단'의 단장, 교화단의 총단장이 됩니다. 천주교의 교황이나 불교 종정(宗正), 천도교의 교령 등에 해당하는 지위와 유사합니다.

1924년(원기9)에 불법연구회 창립과 더불어 소태산 대종사께서는 총재로 추대되었으며, 동시에 제1대 종법사가 되었습니다. 교단 초창기에는 아직 <교헌> · <교규> 등 법제가 마련되지 않았기 때문에 종법사라는 호칭이나 선거, 임기 등이 나타나지 않았습니다. 또한, 소태산 대종사께서 교단 창립주, 곧 교주이기 때문에 그럴 필요도 없었습니다. 교단 법규는 소태산 대종사 당대에 초안을 준비했으나, <교헌>이 공식적으로 제정되어 선포된 것은 대종사 열반 후인 1948

소태산 대종사 이하 역대 종법사(上 정산 종사, 대산 종사, 下 좌산 종사, 경산 종사)

년(원기33)입니다.

대종사의 열반으로 1943년(원기28)에 후계 종법사로 정산 종사가 선출되었으며, 19년간 재위한 정산 종사의 열반으로 1962년(원기47) 대산 종사가 종법사에 선출되었습니다. 대산 종사는 1994년(원기79)까지 33년간 종법사에 재위했으며, <교헌>과 <교규>에 의해 6년마다 선거를 통해 연임하게 되었습니다.

대산 종사는 생전에 종법사직을 사임하여 상사가 되었고 좌산 종사가 다음의 종법사에 피선되었으며, 이때 신구 종법사가 퇴임과 취임을 겸한 대사식(戴謝式 : 대사란 신임 종법사의 추대와 퇴임 종법사에 대한 사례의 의미)이 처음으로 행해졌습니다.

좌산 종사는 1994년부터 2006년까지 12년간 재위했고, 다시 선거에 의해 경산 종사가 선출되어 2006년(원기 91)부터 종법사직을 수행하고 있습니다.

처음 만나는 원불교

인쇄일 | 원기 103년 3월 15일
발행일 | 원기 103년 3월 20일
기 획 | 교화연구소
발 행 | 교정원 교화훈련부
출 판 | 원불교출판사
출판등록 1980년 4월 25일(제1980-000001호)
전화 (063) 854-0784
홈페이지 www.wonbook.co.kr
인 쇄 | 원광사

ISBN 978-89-8076-313-9(03200)

값 6,000원